D1806930

Diplomica Verlag

Michelle Borchardt

Mobilität vs. Nachhaltigkeit

Car-Sharing als Lösung?

Borchardt, Michelle: Mobilität vs. Nachhaltigkeit: Car-Sharing als Lösung?
Hamburg, Diplomica Verlag GmbH

ISBN: 978-3-8428-8095-5

© Diplomica Verlag GmbH, Hamburg 2012

Bibliografische Information der Deutschen Nationalbibliothek:
Die Deutsche Nationalbibliothek verzeichnet diese Publikation
in der Deutschen Nationalbibliografie; detaillierte bibliografische
Daten sind im Internet über http://dnb.d-nb.de abrufbar.

Die digitale Ausgabe (eBook-Ausgabe) dieses Titels trägt die
ISBN 978-3-8428-3095-0 und kann über den Handel oder
den Verlag bezogen werden.

Inhaltsverzeichnis

Abkürzungsverzeichnis

BImSchV	Bundeslärmschutzverordnung
BMU	Bundesministerium für Umwelt, Naturschutz und Reaktorsicherheit
BMVBS	Bundesministerium für Verkehr, Bau und Stadtentwicklung
CH4	Methan
CO2	Kohlenstoffdioxid
CSO	Car-Sharing-Organisation
db(A)	Dezibel, Messgröße für die Beurteilung von Geräuschpegeln, bei der die Geräuschbeurteilung durch eine bestimmte Frequenzkurve (A) erfolgt
DLR	Deutsches Zentrum für Luft- und Raumfahrt
EUR	Euro
FKW/PFC	Perlfluorierte Fluorkohlenwasserstoffe
GV	Güterverkehr
H-FKW/HFC	Wasserstoffhaltige Fluorkohlenwasserstoffe
Kfz	Kraftfahrzeug
MIV	Motorisierter Individualverkehr
N2O	Distickstoffoxid (Lachgas)
NMVOC	Flüchtige organische Verbindungen ohne Methan
NOx	Stickstoffoxide
ÖV	Öffentlicher Verkehr
ÖPNV	Öffentlicher Personennahverkehr
PJ	Petajoule
Pkm	Personenkilometer
Pkw	Personenkraftwagen
PV	Personenverkehr

SF6	Schwefelhexafluorid
SO2	Schwefeldioxid
SRU	Sachverständigenrat für Umweltfragen
UBA	Umweltbundesamt
UN	United Nations
UNCED	United Nations Conference on Environment and Development
VCD	Verkehrsclub Deutschland

Abbildungsverzeichnis

Tabellenverzeichnis

„Wenn einer allein träumt, ist es nur ein Traum.
Wenn Menschen gemeinsam träumen, ist es
der Beginn einer neuen Wirklichkeit. "
(Dom Hélder Câmara)

1 Einleitung

In der heutigen arbeitsteiligen und international verflochtenen Gesellschaft und Wirtschaft ist Mobilität von grundsätzlicher Bedeutung.[1] Sie ist nicht nur Ausdruck des menschlichen Bedürfnisses nach Beweglichkeit, sondern auch Voraussetzung für die Funktionsfähigkeit und wirtschaftliche Leistungsfähigkeit unserer Gesellschaft.[2] Von besonderer Bedeutung ist im Rahmen der Verkehrswissenschaften dabei die räumliche Mobilität, die eng mit der Wahl eines Verkehrsträgers verbunden ist. Der Personenverkehr in der Bundesrepublik Deutschland ist geprägt von einer Dominanz des Personenkraftwagens, was insbesondere seiner stetigen Verfügbarkeit und Ungebundenheit an vorgegebene Zeiten und Strecken, geschuldet ist. Was aus Nutzerperspektive jedoch die komfortabelste Art der Fortbewegung darstellt, geht mit zahlreichen negativen ökologischen, ökonomischen und sozialen Begleiterscheinungen einher. Lärmbelastungen, Flächenverbrauch, Verkehrsunfälle, Luftschadstoffemissionen und nicht zuletzt die Emissionen von klimaschädlichen Treibhausgasen sind nur einige Probleme, die zu einem großen Teil aus dem Pkw-Verkehr resultieren und im Widerspruch zu den Anforderungen an eine nachhaltige Entwicklung stehen.

Einen vielversprechenden Ansatz zur Minderung der negativen Folgen des Personenverkehrs bei einer gleichzeitigen Erhaltung der individuellen Mobilität, bietet die eigentumslose Pkw-Nutzung, das sog. Car-Sharing. Dabei handelt es sich um eine organisierte Form der gemeinsamen Nutzung von Personenkraftwagen durch mehrere Nutzer, bei der eine Entkopplung von persönlichem Eigentum und individueller Nutzung entsteht, d.h. das individuelle Nutzungsrecht wird durch ein Kollektives ersetzt.[3] Car-Sharing lässt sich so als eine Art öffentlichen Individualverkehr charakteri-

---

[1] Vgl. Adler (2005), S. 5.
[2] Vgl. Hautzinger et al. (Hrsg.) (1997), S. 8.
[3] Vgl. Pesch (1996), S. 47.

1

sieren, der sich zwischen den öffentlichen Personenverkehr auf der einen Seite und den Individualverkehr auf der anderen Seite, einordnen lässt.[4]

Bisher gibt es eine Reihe von Untersuchungen, die sich mit den ökologischen Wirkungen von Car-Sharing beschäftigt haben. Im Rahmen einer nachhaltigen Entwicklung gilt es jedoch zusätzlich die ökonomische und soziale Dimension zu berücksichtigen.

Das Ziel der vorliegenden Arbeit liegt darin, herauszustellen, ob Car-Sharing im Vergleich zum Privat-Pkw einen Beitrag zu einer nachhaltigen Entwicklung in der Bundesrepublik Deutschland leistet und damit neben den positiven ökologischen Effekten zusätzlich positive ökonomische und soziale Effekte generiert.

Zunächst ist es dafür notwendig, den Begriff der Nachhaltigkeit, sowie das Konzept einer nachhaltigen Entwicklung zu erläutern, was in *Kapitel 2* geschieht. Zusätzlich wird der Begriff des Nachhaltigkeitsindikators definiert und seine Funktionsweise erläutert. Ein kleiner Exkurs zur Nachhaltigkeitsstrategie der Bundesregierung dient der Gewinnung eines tieferen Verständnisses des Themas Nachhaltigkeit in der politischen Diskussion.

Kapitel 3 widmet sich anschließend dem Thema Mobilität und Verkehr. Nach einer Begriffsabgrenzung, werden die unterschiedlichen Verkehrsträger im Personenverkehr vorgestellt und anhand der unterschiedlichen Nutzeranforderungen charakterisiert. Die daraus abgeleiteten Qualifikationsprofile stehen in engem Zusammenhang mit dem Mobilitäts- und Verkehrsverhalten in der Bundesrepublik Deutschland, welches den thematischen Abschluss des dritten Kapitels bildet.

In *Kapitel 4* findet eine Zusammenführung der zuvor separat betrachteten Themenbereiche Nachhaltigkeit und Mobilität und Verkehr statt. Es werden Anforderungen an eine nachhaltige Verkehrsentwicklung formuliert und die zahlreichen Problembereiche des Personenverkehrs qualitativ und quantitativ aufgezeigt. Anschließend erfolgt eine kurze Darstellung, inwieweit der Personenverkehr in Deutschland die Anforderungen an eine nachhaltige Verkehrsentwicklung erfüllt und es werden Ansätze einer nachhaltigen Verkehrspolitik in Deutschland dargelegt. Schließlich werden aus den bis dahin gewonnenen Erkenntnissen Indikatoren abgeleitet die es, eingebettet in ein Bewertungsinstru-

---

[4] Vgl. Petersen (1995), S. 69, Vester (1995), S. 334.

ment, erlauben, einzelne Verkehrskonzepte hinsichtlich ihres Beitrags zu einer nachhaltigen Entwicklung zu beurteilen.

Um mit dem generierten Bewertungsinstrument schließlich auch das Car-Sharing beurteilen zu können, wird dieses in *Kapitel 5* zunächst hinreichend abgegrenzt und charakterisiert. Es folgt eine Betrachtung der Angebotsseite mit einer Einführung in die Entstehungsgeschichte, einer kurzen Analyse des deutschen Car-Sharing-Marktes der Gegenwart, sowie einer Darstellung des praktischen Ablaufs. Als Praxisbeispiel dient das Car-Sharing der Deutschen Bahn AG, einem der größten Car-Sharing-Anbieter der Gegenwart. Anschließend gilt es die Nachfrageseite zu analysieren. Zu diesem Zweck werden die Nutzergruppen des Car-Sharing-Angebotes analysiert und die Motive für die Nutzung herausgestellt.

Auf Basis der gewonnenen Erkenntnisse zum Thema Car-Sharing, wird die eigentumslose Pkw-Nutzung in *Kapitel 6* mit Hilfe des zuvor erarbeiteten Bewertungsinstruments explizit analysiert. Beginnend bei der ökologischen Dimension der Nachhaltigkeit, findet anschließend eine Analyse und Bewertung in der ökonomischen, sowie sozialen Dimension der Nachhaltigkeit statt.

Die Arbeit schließt in *Kapitel 7* mit einem Fazit der Untersuchung, sowie einem kurzen Ausblick. Gleichzeitig werden Handlungsempfehlungen ausgesprochen, mit denen die Markterschließung das Car-Sharing vorangetrieben und die damit zusammenhängenden positiven ökologischen, ökonomischen und sozialen Potentiale weiter verstärkt werden könnten.

2 Grundlagen

Um im Rahmen dieser Arbeit den Beitrag des Verkehrskonzeptes Car-Sharing bezüglich einer nachhaltigen Entwicklung zu untersuchen, bedarf es zunächst einer Betrachtung des Themas Nachhaltigkeit. Nachdem zu diesem Zweck die grundlegenden Begriffe „Nachhaltigkeit" und „nachhaltige Entwicklung", sowie deren Entstehungsgeschichte erläutert werden, erfolgt eine detaillierte Darstellung des dieser Arbeit zu Grunde liegenden Drei-Säulen-Modells. Darauf aufbauend wird in Kapitel 2.2 eine Möglichkeit aufgezeigt, wie der Weg hin zu einer nachhaltigen Entwicklung mit Hilfe von Nachhaltigkeitsindikatoren sichtbar gemacht werden kann.

2.1 Nachhaltigkeit und nachhaltige Entwicklung

Der Begriff der Nachhaltigkeit stammt ursprünglich aus der Forstwirtschaft und geht zurück auf den sächsischen Oberberghauptmann Hannß Carl von Carlowitz, der im Jahr 1713 in seinem Werk „Sylvicultura Oeconomica" am Beispiel der Forstwirtschaft verdeutlicht, dass es gewisse Grundsätze für das nachhaltige Wirtschaften gibt. Anlässlich einer bevorstehenden Holzknappheit auf Grund verheerender Waldzerstörungen durch landwirtschaftliche Aktivitäten und zunehmenden industriellen Holzbedarf (Berg- und Hüttenwerke), plädiert von Carlowitz seinerzeit für eine nachhaltige Fortwirtschaft, bei der nur die Menge an Holz aus dem Wald entnommen wird, welche wieder nachwächst.[5] Dieses (ressourcenökonomische) Prinzip, das das ökonomische Ziel der maximalen dauerhaften Nutzung des Waldes mit den ökologischen Bedingungen des Nachwachsens kombiniert, wurde zum Vorbild für anschließende Nachhaltigkeitsüberlegungen.[6] Erst wesentlich später – Anfang des 20. Jahrhunderts – fand der Nachhaltigkeits- bzw. Sustainability-Begriff auch Eingang in die Fischereiwirtschaft. Die Zielsetzung war dabei analog: Um dauerhaft maximale Erträge erzielen zu können, sollte sich das Ausmaß des Fischfangs an der Reproduktionsfähigkeit der Fischbestände orientieren. Lange Zeit war das Nachhaltigkeitsprinzip damit weitgehend auf die Forst- und Fischereiwirtschaft begrenzt, ohne einen nennenswerten Einfluss auf die übrigen

---

[5] Vgl. von Carlowitz (1713), Grober (1999), S.98, Vornholz (1993), S. 11.

Bereiche des Wirtschaftens. Erst Ende der 60er, Anfang der 70er Jahre wurde die Ressourcenfrage wieder zu einem bedeutsameren Thema, als in Politik und Wissenschaft intensiver über die Zusammenhänge zwischen Wirtschaftswachstum, gesellschaftlichen Produktions- und Lebensstilen und die Erschöpfbarkeit von Ressourcenbeständen nachgedacht und diskutiert wurde. Gleichzeitig trug die Zunahme verschiedener Umweltbelastungsprobleme dazu bei, dass nun Umweltaspekten ein größeres Gewicht in der Entwicklungsdebatte beigemessen wurde.[7] Neben den ökologischen Problemen, wuchsen auch die Probleme im sozialen und ökonomischen Bereich (internationale Schuldenkrise, weltweite Rezession, Arbeitslosigkeit etc.), woraufhin 1983 die UN Kommission für Umwelt und Entwicklung (Brundtland-Kommission) unter dem Vorsitz der norwegischen Ministerpräsidentin Gro Harlem Brundtland ihre Arbeit aufnimmt. Die zum größten Teil aus Politikern zusammengesetzte Kommission hatte sich zum Ziel gesetzt, geeignete Handlungsempfehlungen zu erarbeiten, um den Prozess einer dauerhaften Entwicklung einzuleiten.[8] Die Brundtland-Kommission verhalf dem Begriff der nachhaltigen Entwicklung mit ihrem 1987 erschienenen Abschlussbericht „Our Common Future"[9] erstmals Zugang zu einer breiteren, auch nicht wissenschaftlichen Öffentlichkeit und entwickelte ein Nachhaltigkeitsverständnis, das bis heute weltweit als geeignete Ausgangsbasis für konkretere Strategien akzeptiert wird:[10]

„Sustainable development is development that meets the needs of the present without compromising the ability of future generations to meet their own needs" (WORLD COMMISSION ON ENVIRONMENT AND DEVELOPMENT (1987), S. 43)

Nachhaltige Entwicklung wird demnach als eine Entwicklung verstanden, die die Bedürfnisse gegenwärtiger Generationen befriedigt, ohne die Befriedigung der Bedürfnisse künftiger Generationen zu gefährden. Die Definition macht deutlich, dass es sowohl darum geht, eine nachhaltig gerechte Entwicklung zur Verbesserung der Lebensumstände zwischen den heute lebenden Generationen (intragenerationale Gerechtigkeit), als auch für die zukünftigen Generationen (intergenerationale Gerechtigkeit) zu schaffen.[11] Dabei können zwei Schlüsselkonzepte identifiziert werden: Zum

---

[6] Vgl. Grunwald/Kopfmüller (2006), S. 14.
[7] Vgl. Jörissen et al. (1999), S. 13.
[8] Vgl. Hauff (1987), S. 1ff.
[9] Vgl. World Commission on Environment and Development (Hrsg.) (1987).
[10] Vgl. Grunwald/Kopfmüller (2006), S. 20.
[11] Vgl. Weber (2008), S. 42f.

6

einen das Konzept der Grundbedürfnisse, insbesondere der überlebensnotwendigen Bedürfnisse der Armen der Welt, denen eine vorrangige Dringlichkeit eingeräumt wird und zum anderen die Idee der Begrenzungen, die vom Stand der Technik und der gesellschaftlichen Organisation der Fähigkeit der Umwelt auferlegt werden, gegenwärtige und zukünftige Bedürfnisse zu befriedigen.[12]

Einer der wichtigsten Meilensteine für die Etablierung einer nachhaltigen Entwicklung als global-politisches Leitbild, war die Konferenz der Vereinten Nationen für „Umwelt und Entwicklung" (UNCED), auch unter dem Begriff „Erdgipfel" bekannt, im Jahr 1992 in Rio de Janeiro.[13] Auf der UNCED-Konferenz versammelten sich die Staats- und Regierungschefs, bzw. die für Umwelt- und Entwicklungsfragen zuständigen Minister von 178 Staaten, um die erarbeiteten Strategien zur Lösung der umwelt- und entwicklungspolitischen Probleme abschließend zu diskutieren und internationale Vereinbarungen zu treffen.[14] Ziel und Kern der Vereinbarungen war der Versuch einer Konkretisierung und Umsetzungsinitiierung des Leitbildes einer nachhaltigen Entwicklung, wofür verschiedene Dokumente im Bereich Umwelt und Entwicklung und diesbezügliche Grundprinzipien und Strategien formuliert wurden. Eine zentrale Rolle spielen dabei die Rio-Deklaration und die Agenda 21. Während in der Rio-Deklaration einige entwicklungs- und umweltpolitische Grundsätze festgehalten sind, stellt die Agenda 21 ein an die Deklaration anknüpfendes, vierzig Kapitel umfassendes Aktionsprogramm für Ziele, Maßnahmen und Instrumente zur Umsetzung des Leitbildes, mit unterschiedlichen Schwerpunkten für Industrie- und Entwicklungsländer, dar. Das Themenspektrum dieser politischen Erklärung reicht dabei von sozioökonomischen Fragestellungen (Gesundheit, Demographie, Armut und Konsumverhalten) über ökologische Aspekte (Artenvielfalt, Wald, Klima, Wüsten, Meere etc.) und Perspektiven von spezifischen Zielgruppen (Kinder, Frauen, Industrie, lokale Initiativen etc.) bis hin zur konkreten Umsetzungsebene (Technologietransfer, Wissenschaft und Bildung, Institutionen etc.).[15] Die Integration dieser unterschiedlichen Themengebiete unter das übergeordnete Leitbild „Sustainable Development" bzw. nachhaltige Entwicklung, wurde von vielen Seiten als wesentlicher Fortschritt angesehen, da sich damit die Erkenntnis verbinde,

---

[12] Vgl. Stappen (2006), S. 19f.
[13] Vgl. Grunwald/Kopfmüller (2006), S. 22.
[14] Vgl. Brand/Jochum (2000), S. 25.
[15] Vgl. Jörissen et al. (1999), S. 17ff.

dass „ökonomische, soziale und ökologische Entwicklung als eine innere Einheit zu sehen sind", so der Sachverständigenrat für Umweltfragen.[16]

Die Aussage des Sachverständigenrates für Umweltfragen (SRU), sowie der Brundt-landbericht und die Agenda 21 machen deutlich, dass der Nachhaltigkeitsbegriff neben den ökologischen auch soziale und ökonomische Aspekte beinhaltet. Zu Beginn der Nachhaltigkeitsdebatte standen die ökologischen Aspekte noch im Vordergrund, während mit der Zeit eine Weiterentwicklung und Erweiterung um die soziale und ökonomische Dimension stattgefunden hat.[17]

„Der Erhalt des ökologischen Kapitals ist nicht die einzige Bedingung, die beachtet werden muss. Fast hat man den Eindruck, dass wir zwischen drei Arten von Kollaps zu wählen haben, nämlich einem ökologischen, einem sozialen und einem ökonomischen. Damit wird der Begriff der Nachhaltigkeit um zwei weitere Dimensionen erweitert, die sich in noch stärkerem Maße als die ökologische Dimension einer Operationalisierung widersetzen (...) Damit eine Entwicklung nachhaltig zukunftsverträglich sein kann, muss sie nicht nur ökologieverträglich, sondern auch sozial- und ökonomieverträglich sein."
(ENQUETE-KOMMISSION (1993), S. 32)

Gerade in den letzten Jahren entstanden zunehmend mehr Publikationen, die nachhalti-ge Entwicklung als Dreigestirn von ökologischer Verträglichkeit, sozialer Gerechtigkeit und wirtschaftlicher Effizienz beschreiben. In diesem Zusammenhang wird auch vom „Drei-Säulen-Modell" gesprochen, bei dem die Festlegung der grundlegenden Zieldi-mensionen einer nachhaltigen Entwicklung gleichermaßen und soweit wie möglich auch gleichgewichtig ökologische, ökonomische und soziale Aspekte berücksichtigt.[18]

Ökologische Dimension

Die ökologische Dimension von Nachhaltigkeit betont den mit materiellen Maßstäben schwer fassbaren Wert der Natur an sich, sowie die nachweisbare Endlichkeit der natürlichen Ressourcen[19] und beinhaltet die normative Forderung, die dauerhafte Stabilität des ökologischen Systems für nachfolgende Generationen zu gewährleisten.

---

[16] Vgl. Brand/Jochum (2000), S. 30, SRU (Hrsg.) (1994), S. 45.
[17] Vgl. Fichter et al. (2006), S. 4.
[18] Vgl. Weinreich (2003), S. 21, Schaltegger et al. (2003), S. 331.
[19] Vgl. Bauer (2008) abrufbar unter
http://www.bpb.de/die_bpb/UA5H5Q,3,0,Leitbild_der_Nachhaltigen_Entwicklung.html, Zugriff am 20.12.2010.

Es sollen damit die Funktionen erhalten bleiben, die das System für menschliche Aktivitäten erfüllt.[20] Dies umfasst unter anderem den Schutz und Erhalt der Artenvielfalt und der Ökosysteme, den Klimaschutz, die Pflege von Kultur- und Landschaftsräumen in ihrer ursprünglichen Gestalt, sowie generell einen schonenden Umgang mit der natürlichen Umgebung.[21] Konkret bedeutet dies bspw. einen vermehrten Einsatz von erneuerbaren Ressourcen und die Abkehr des kurzsichtigen Aufbrauchens nicht erneuerbarer Ressourcen, sowie eine Verminderung der Umweltschäden durch Schadstoffe und Abfälle.[22]

Soziale Dimension

Die soziale Zielsetzung einer nachhaltigen Entwicklung beschäftigt sich mit Fragen intra- und intergenerationaler Gerechtigkeit und den unterschiedlichen Lebensstilen der Menschen.[23] Fokussiert wird folglich die Verteilungsgerechtigkeit in Bezug auf den Zugang zu Chancen und Ressourcen innerhalb einzelner Länder und Gesellschaften, als auch im globalen Verteilungskonflikt zwischen den nördlichen wohlhabenden Industrieländern und den südlichen, ärmeren Entwicklungs- und Schwellenländern.[24] Implizit bedeutet dies einen Ausgleich sozialer Kräfte herzustellen mit dem Ziel, eine auf Dauer zukunftsfähige und lebenswerte Gesellschaft zu erreichen.[25] Dazu gilt es die Sicherheit und Gesundheit des Einzelnen zu gewährleisten, eine Gleichberechtigung zwischen Mann und Frau herzustellen, Minderheiten zu schützen, die Menschenrechte zu respektieren und im Rahmen gerechter Lebenschancen für alle, jedem den Zugang zu Bildung und Kultur zu ermöglichen.[26]

Ökonomische Dimension

Im Rahmen der ökonomischen Dimension einer nachhaltigen Entwicklung wird auf eine qualitative und quantitative Erhöhung des materiellen Wohlstands und eine Steigerung des Sozialprodukts abgezielt, wobei die Wirtschaftsweise so angelegt sein muss, dass sie dauerhaft eine tragfähige Grundlage für Erwerb und Wohlstand bietet.

---

[20] Vgl. Hillebrand/Löbbe (2000), S. 9.
[21] Vgl. Studt (2008), S. 185.
[22] Vgl. Danielli et al. (2009), S. 40.
[23] Vgl. Becker (2001), S. 165.
[24] Vgl. Bauer (2008) abrufbar unter
http://www.bpb.de/die_bpb/UA5H5Q,3,0,Leitbild_der_Nachhaltigen_Entwicklung.html, Zugriff am 20.12.2010.
[25] Vgl. Studt (2008), S. 186.

Das Wachstum darf demnach nur in dem Maße erfolgen, sodass folgende Generationen die gleichen Konsummöglichkeiten zur Befriedigung ihrer Bedürfnisse vorfinden, wie die heutigen Generationen.[27] Eine nachhaltige Wirtschaft ist dementsprechend darum besorgt, Beschäftigung und Einkommen zu erhalten, wobei sie gleichzeitig innovativ und wettbewerbsfähig sein und die Benutzung und den Verbrauch der Umweltgüter selbst bezahlen können soll.[28]

Abb. 1: Dimensionen und Handlungsfelder einer nachhaltigen Entwicklung

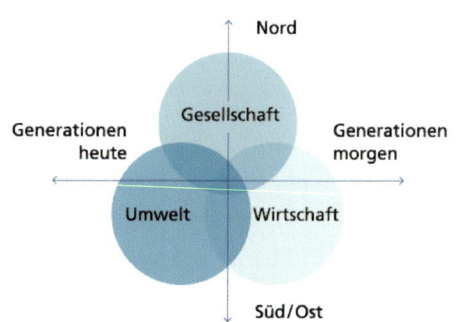

Quelle: KANTON BASEL (Hrsg.): Nachhaltige Entwicklung, abrufbar unter http://www.umweltberichtbeiderbasel.ch/Nachhaltige-Entwicklung.16.0.html, Zugriff am 25.11.2010

Abbildung 1 veranschaulicht den Gedanken des Drei-Säulen-Modells einer nachhaltigen Entwicklung noch einmal. Unter der Prämisse, dass die ökologische, soziale und ökonomische Dimension einer nachhaltigen Entwicklung prinzipiell gleichrangig und integriert zu betrachten sind, besteht die Zielsetzung des Konzepts darin, soziale und ökonomische Lebensbedingungen zu erhalten oder gar zu verbessern und mit der langfristigen Sicherung der natürlichen Lebensgrundlage in Einklang zu bringen.[29] Dabei ist ein „Endzustand", eine „nachhaltige Gesellschaft" aus heutiger Sicht nicht zu formulieren. Nachhaltige Entwicklung beschreibt vielmehr einen Prozess, der Sektor übergreifend, global und offen ist.[30]

---

[26] Vgl. Danielli et al. (2009), S. 41.
[27] Vgl. Fichter et al. (2006), S. 6, Studt (2008), S. 186.
[28] Vgl. Danielli et al. (2009), S. 41.
[29] Vgl. Jörissen et al. (1999), S. 4.
[30] Vgl. ILS NRW (Hrsg.) (2005), S. 22.

Die Frage nach einer Zusammenführung und Integration ökologischer, sozialer und ökonomischer Ziele, hat zu verschiedenen Konzepten geführt.[31] Das Konzept der „schwachen Nachhaltigkeit"[32] oder auch „Quasi-Nachhaltigkeit"[33] geht von einer weitgehenden Substituierbarkeit von Naturkapitalien durch Human- und Sachkapitalien aus. Naturkapitalien stellen in diesem Zusammenhang diejenigen Komponenten der belebten oder unbelebten Natur dar, die den Individuen einen Nutzen stiften oder ihnen bei der Ausübung ihrer Fähigkeiten zu Gute kommen können bzw. Voraussetzung hierfür sind (bspw. Luft, Boden, Gewässer, Rohstoffe).[34] Humankapitalien hingegen umfassen soziale Institutionen, sowie das Wissen und die Fertigkeiten von Individuen[35], während unter dem Begriff der Sachkapitalien das in materiellen und monetären Werten gebundene Kapital (bspw. Transportmittel, Fabriken und Infrastrukturen) subsummiert wird.[36] Im Rahmen einer schwachen Nachhaltigkeit besteht eine faire Hinterlassenschaft heutiger Generationen an künftige Generationen demnach aus einem zumindest konstanten summativen Gesamtbestand an Kapitalien, d.h. Naturkapitalien dürfen in dem Maße aufgebraucht werden, wie andere Kapitalbestände dafür aufgebaut werden. Es würde somit auch eine Welt als „nachhaltig" bezeichnet werden, in der keine Wälder mehr vorzufinden sind, solange alle ökologischen Funktionen und kulturellen Bedeutungen, die Wälder für die heute lebende Generation haben, durch künstlich geschaffenes befriedigend substituiert werden.[37] Das Konzept versucht so den Gedanken einer nachhaltigen Entwicklung in ein neoklassisches Wirtschaftsmodell zu integrieren, indem die langfristige Sicherung des Pro-Kopf-Einkommens bei gleichzeitiger Ausbeutung von für die Produktion essentiellen und nicht-erneuerbaren Ressourcen dann als nachhaltig verstanden wird, wenn der gesamte Ertrag, der aus der Ausbeutung der natürlichen Ressourcen entsteht, in den Aufbau eines reproduzierbaren Kapitalstocks investiert wird.[38]

---

[31] Vgl. Lentz (2005), S. 68.
[32] Vgl. Pittel (2004), S. 538.
[33] Vgl. Schmid (1999), S. 286.
[34] Vgl. Ott/Döring (2009), S. 191.
[35] Vgl. Neumann (2007), S. 22.
[36] Vgl. Semmler (2009), S. 7.
[37] Vgl. Egan-Krieger et al. (2007), abrufbar unter
http://www.bpb.de/publikationen/R2RRIV,3,0,Der_Schutz_des_Naturerbes_als_Postulat_der_Zukunftsve
rantwortung.html, Zugriff am 20.12.2010.
[38] Vgl. Hartwick (1977), S. 973f.

11

Der Ansatz schwacher Nachhaltigkeit erfährt jedoch starke Kritik von den Vertretern „starker Nachhaltigkeit" oder „ökologischer Nachhaltigkeit". Das Konzept starker Nachhaltigkeit stellt die Schranken der Nutzbarkeit natürlicher Ressourcen und die Grenzen der Aufnahmekapazitäten der Erde im Hinblick auf Schadstoffe in den Vordergrund und verneint dementsprechend im Gegensatz zum Konzept schwacher Nachhaltigkeit, eine vollständige Substituierbarkeit zwischen natürlichem und künstlichem Kapital.[39] Kennzeichnend für dieses Konzept der Nachhaltigkeit ist der Erhalt des natürlichen Kapitals im Ganzen oder sogar der Erhalt der einzelnen Komponenten (sehr starke/strikte ökologische Nachhaltigkeit[40]). Diese Annahme basiert auf der Erkenntnis, dass bestimmte Elemente des natürlichen Kapitals nicht durch künstliches Kapital oder andere Elemente ersetzt werden können, der Abbau nicht erneuerbarer Ressourcen also als irreversibel angesehen werden kann, die für das Bestehen und Funktionieren des Ökosystems jedoch unverzichtbar sind.[41]

Dieser Erkenntnis folgend, basieren die nachfolgenden Ausführungen auf dem Konzept einer starken Nachhaltigkeit, d.h. eine vollständige Substituierbarkeit zwischen natürlichem und künstlichen Kapital wird verneint und nachhaltige Entwicklung wird im Sinne des Drei-Säulen-Modells als Schnittmenge der Dimensionen Ökologie, Ökonomie und Soziales unter Berücksichtigung der intra- und intergenerationalen Gerechtigkeit verstanden (siehe Abb. 1).

Dieses Verständnis einer nachhaltigen Entwicklung wird auch von der Bundesregierung geteilt und in der 2002 beschlossenen nationalen Nachhaltigkeitsstrategie, sowie den anschließenden Fortschrittsberichten zum Ausdruck gebracht.[42]

---

[39] Vgl. Grunwald/Kopfmüller (2006), S. 38.
[40] Vgl. Endres/Radke (1998), S. 18ff.
[41] Vgl. Rennings/Hohmeyer (1997), S. 42.
[42] Vgl. Bundesregierung (Hrsg.) (2008), S. 11.

12

2.2 Nachhaltigkeitsindikatoren

Nachdem im vorangegangenen Abschnitt die Grundlagen für ein Nachhaltigkeitsverständnis geschaffen wurden, beschäftigt sich der folgende Abschnitt mit der Konkretisierung des Konzepts einer nachhaltigen Entwicklung. Dies geschieht mit Hilfe von Nachhaltigkeitsindikatoren. Für ein besseres Verständnis soll der Begriff „Indikator" zunächst definiert werden, um anschließend den Begriff des „Nachhaltigkeitsindikators" erläutern zu können und so ein methodisches Fundament für den weiteren Untersuchungsgang dieser Arbeit zu schaffen.

Als Indikatoren werden in der politischen und wissenschaftlichen Diskussion im Allgemeinen Anzeiger und Messgrößen verstanden, deren Funktion darin liegt, Aussagen über bestimmte Sachverhalte zu treffen, wie bspw. Ist- und Soll-Zustände zu beschreiben. Das eigentliche erkenntnistheoretische Interesse gilt dabei jedoch nicht dem Indikator an sich, sondern dem Indikandum, d.h. dem angezeigten Sachverhalt oder Zustand und der Zustandsveränderung. Zur Gewährleistung einer Zeigerfunktion des Indikators, ist eine Beziehung zwischen dem Indikator und dem Indikandum, die eine hinreichend genaue Charakterisierung des Indikandums ermöglicht, unabdingbare Voraussetzung.[43] Mit Hilfe von Indikatoren ist es möglich, komplexe Zusammenhänge mit vereinfachten Modellen abzubilden, wodurch sie verständlich und kommunizierbar werden. Sie ermöglichen eine Komplexitätsreduzierung und bieten so ein vereinfachtes Abbild der Wirklichkeit.[44] Nachteilig ist dabei anzumerken, dass durch die Verdichtung der Informationen Daten verloren gehen. Dem ist aber entgegenzusetzen, dass es oftmals erst durch die Informationsverdichtung möglich wird, aus Basisdaten relevante Informationen zu gewinnen. Erst die durch den Indikator geschaffene Informationsebene erlaubt die für das Ziel relevanten Anzeiger zu fokussieren und Zustände räumlich und zeitlich zu vergleichen und zu bewerten.[45]

Zum Zwecke einer Erfolgsmessung und Konkretisierung des in Kapitel 2.1 eingeführten Nachhaltigkeitsbegriffs, werden oftmals Nachhaltigkeitsindikatoren herangezogen, die es der Politik ermöglichen, steuernde Maßnahmen zu begründen und einzuleiten. Ihre Funktion ist darin zu sehen, den Bedarf (Planungsfunktion) und Erfolg (Kontrollfunkti-

---

[43] Vgl. Birkmann (1999), S. 121.
[44] Vgl. Gehrlein (2004), S. 32.

on) bspw. in einem Land oder einer Region anzuzeigen. Daneben haben Nachhaltig-keitsindikatoren noch eine Kommunikations- und Vergleichs- bzw. Benchmark-Funktion. Mit ihrer Hilfe wird es einfacher, die Ziele einer nachhaltigen Entwicklung der Öffentlichkeit zu vermitteln, um so Diskussionen zwischen verschiedenen Akteuren anzustoßen. Außerdem ermöglichen sie einzelnen Kommunen oder Regionen einen Vergleich hinsichtlich des Fortschritts in Richtung nachhaltige Entwicklung anzustel-len.[46] Ein System von Indikatoren einer nachhaltigen Entwicklung muss derweilen auch einige Anforderungen erfüllen. Die Indikatoren müssen den aktuellen Umweltzustand wiederspiegeln, den Entwicklungstrend der verschiedenen Belastungen angeben, den politischen Handlungsbedarf signalisieren und möglichst so beschaffen sein, dass mit ihnen auch Zielbeiträge politischer Maßnahmen angegeben werden.[47] Weiterhin ist es notwendig, dass sie offen und flexibel sind, damit neue Erkenntnisse und Bewertungen einfließen können und die Indikatoren somit ergänzt oder angepasst werden können. Auch wechselseitige Abhängigkeiten zwischen unterschiedlichen Indikatoren sollten bekannt sein, damit Synergiepotentiale zwischen verschiedenen Zielsetzungen berück-sichtigt und Doppelerfassungen bestimmter Belastungssituationen vermieden werden können.[48]

Während die Bedeutung von Umweltindikatoren vom Sachverständigenrat für Umwelt-fragen (SRU) bereits im Umweltgutachten von 1974 herausgestellt wurde, ist die Diskussion um Nachhaltigkeitsindikatoren noch relativ neu. Im Handlungsprogramm der Rio-Konferenz, der Agenda 21, wird 1992 jedoch die Notwendigkeit einer Bestim-mung von Nachhaltigkeitsindikatoren erkannt: Da Methoden zur Bewertung von Interaktionen zwischen verschiedenen sektoralen Umwelt-, Bevölkerungs-, Sozial- und Entwicklungsparametern noch kaum vorhanden sind *„müssen Indikatoren für nachhal-tige Entwicklung entwickelt werden, um eine solide Grundlage für Entscheidungen auf allen Ebenen zu schaffen und zu einer selbstregulierenden Nachhaltigkeit integrierter Umwelt- und Entwicklungssysteme beizutragen"*[49] Vier Jahre später, im Jahr 1996, hat die UN-Kommission für nachhaltige Entwicklung (CSD) eine Indikatorenliste mit 134 Einzelindikatoren, unterteilt in die vier Kategorien Ökonomie, Soziales, Ökologie und

---

[45] Vgl. BMU (Hrsg.) (1996), S. 17.
[46] Vgl. Reul (2002), S. 77f.
[47] Vgl. Hillebrand et al. (2000), S. 43f.
[48] Vgl. Weinreich (2003), S. 29.

Institutionen, veröffentlicht und damit ein Arbeitsprogramm zur Umsetzung des Kapitel 40 der Agenda 21 gestartet. Bis Dezember 1999 wurde anschließend eine Testphase in 22 Staaten durchgeführt, mit dem Ziel einer Bewertung hinsichtlich der Effizienz und Effektivität der vorläufigen Indikatoren-Liste. Seither ist die Liste weiterentwickelt und verbessert worden und nach den Jahren 1996 und 2001, in denen erste Kataloge erstellt wurden, hat die Kommission für nachhaltige Entwicklung nun ihren dritten, überarbeiteten Katalog mit 50 Indikatoren für eine nachhaltige Entwicklung, veröffentlicht.[50] Seit 1997 ist die Bundesrepublik Deutschland in den CSD-Prozess involviert, der organisatorisch, als auch fachlich maßgeblich vom Umweltbundesamt unterstützt wird, mit dem Ziel das CSD-Konzept weiter zu entwickeln und Grundlagen für nationale Nachhaltigkeitsindikatoren zu erarbeiten.

Exkurs: Die Nachhaltigkeitsstrategie der Bundesregierung

Mit der Agenda 21 hat sich auch die Bundesrepublik Deutschland dazu bereit erklärt, das Leitbild einer nachhaltigen Entwicklung national in allen Politikbereichen unter Beteiligung von Wirtschaft und Gesellschaft umzusetzen. Im Jahr 2002 legte die Bundesregierung deshalb erstmals zum Weltgipfel von Johannesburg die nationale Nachhaltigkeitsstrategie „Perspektiven für Deutschland" vor, die auf dem Leitbild „Generationengerechtigkeit", „Lebensqualität", „sozialer Zusammenhalt" und „internationale Verantwortung" als die zentralen Herausforderungen im Hinblick auf eine nachhaltige Entwicklung, basiert.[51] In ihr hat die Bundesregierung für die nächsten Jahre und Jahrzehnte Prioritäten für eine nachhaltige Entwicklung gesetzt, sowie Ziele und Maßnahmen für eine nachhaltige Entwicklung in Deutschland festgelegt. Die Strategie soll dabei als Handlungsanleitung dienen, die im Sinne des zuvor dargestellten Nachhaltigkeitsverständnisses, der generationenübergreifenden Verantwortung für eine ökologisch, ökonomisch und sozial tragfähige Entwicklung gerecht werden soll.[52] Das folgende Zitat der amtierenden Bundeskanzlerin verdeutlicht dieses Verständnis noch einmal und verweist zugleich auf die Grundregel des Nachhaltigkeitskonzeptes der

---

[49] BMU (Hrsg.) (1992), S. 282.
[50] Lexikon der Nachhaltigkeit, abrufbar unter
http://www.nachhaltigkeit.info/artikel/csd_indikatoren_fuer_nachhaltige_entwicklung_1996_1357.htm,
Zugriff am 22.09.2010.
[51] Vgl. Deutscher Bundestag (Hrsg.) (2002), S. 399, Staiß (2003), S. I-183.
[52] Vgl. Bundesregierung (Hrsg.) (2002), S. 10.

Bundesregierung, die da lautet, dass jede Generation ihre Aufgaben selbst lösen muss und nicht künftigen Generationen aufbürden darf, heutige Generationen jedoch zusätzlich Vorsorge für absehbare zukünftige Belastungen treffen müssen.

„Der Gedanke der Nachhaltigkeit verbindet wirtschaftliche Leistungsfähigkeit mit ökologischer Verantwortung und sozialer Gerechtigkeit. Diese drei Ziele bedingen einander. Denn auf Dauer ist kein Wirtschaftswachstum vorstellbar, das auf Raubbau an der Natur oder auf sozialen Ungerechtigkeiten beruht. Diese Erkenntnis ist Ausdruck unserer Verantwortung nicht nur für jetzige, sondern auch für künftige Generationen. Was wir heute tun, darf nachfolgenden Generationen die Chancen auf ein Leben in einer intakten Umwelt und in Wohlstand nicht nehmen." (Bundeskanzlerin DR. ANGELA MERKEL, 52. Food Business Weltgipfel am 18. Juni 2008)

Im Jahr 2004 folgte ein erster Fortschrittsbericht auf die Strategie, in dem erstmals Bilanz gezogen und die Nachhaltigkeitsstrategie in einzelnen Teilen weiterentwickelt wurde. Lediglich ein Jahr später folgte der eigentlich erst für 2006 geplante, aber wegen bevorstehender Neuwahlen vorgezogene Bericht „Wegweiser Nachhaltigkeit 2005", in dem neuere Entwicklungen beschrieben und erneut Bilanz gezogen wurde. Aktuell liegt der Fortschrittsbericht 2008 der Bundesregierung zur nationalen Nachhaltigkeitsstrategie vor, dessen Themenbandbreite sich vom Schutz des Klimas über den Umgang mit begrenzten Rohstoffen, der Sicherung der Welternährung bis hin zu den sozialen Chancen des demografischen Wandels erstreckt.[53] Der Bericht geht weiterhin der Frage nach, wie das Leitprinzip „Nachhaltigkeit" noch stärker in das Regierungshandeln integriert werden kann. Zu diesem Zweck wurde der Nachhaltigkeitsgedanke in die Gesetzesfolgenabschätzung der Bundesregierung aufgenommen, sodass seit Mai 2009 alle Gesetzesinitiativen der Exekutive auch daraufhin untersucht werden, welche langfristigen Folgen sie für die drei Bereiche Ökonomie, Ökologie und Soziales haben.[54]

Mit der nationalen Nachhaltigkeitsstrategie und den daran anknüpfenden Folgedokumenten, hat die Bundesregierung den Stellenwert einer nachhaltigen Entwicklung in Deutschland seitens der Politik stark verdeutlicht und anhand aktueller Themenfelder

---

[53] Vgl. Bundesregierung (Hrsg.) (2008), S. 10.

dargestellt, wie Nachhaltigkeitspolitik zusammen mit Akteuren aus Gesellschaft und Wirtschaft entsprechend der Grundregel der Nachhaltigkeit gestaltet werden kann.

Im Jahr 2002 hat die Bundesrepublik Deutschland diesbezüglich mit der erstmals veröffentlichten Nachhaltigkeitsstrategie zusätzlich 21 nationale Indikatoren festgelegt, mit deren Hilfe die Bundesregierung in zweijährigen Abständen aufzeigen will, in welchen Bereichen der Gesellschaft auf dem Weg zu einer nachhaltigen Entwicklung Handlungsbedarf besteht und in welchem Maße die Nachhaltigkeitsziele der Bundesregierung erfüllt sind.

Die Indikatoren sind mit konkreten und teilweise auch quantifizierten Zielen verknüpft[55], wodurch eine Verständigung der staatlichen und gesellschaftlichen Akteure über den einzuschlagenden Weg und die notwendigen Maßnahmen ermöglicht wird. Die Anzahl der Schlüsselindikatoren wurde dabei laut Bundesregierung bewusst klein gehalten, damit unter Zuhilfenahme weniger Kennziffern rasch ein Überblick über wichtige Entwicklungen möglich wird.[56] Im Jahr 2008 hat die Bundesregierung einige Indikatoren und damit verknüpfte Ziele überarbeitet, da einige Ziele, wie bspw. der Anteil der erneuerbaren Energien am Bruttostromverbrauch, bereits erreicht wurden und einige Indikatoren, wie bspw. „Zufriedenheit mit der Gesundheit" sich als wenig aussagekräftig herausgestellt haben.[57] Seit 2006 analysiert das Statistische Bundesamt die Entwicklungen der in der nationalen Nachhaltigkeitsstrategie festgesetzten Nachhaltigkeitsindikatoren und berichtet darüber alle zwei Jahre. Die Bestandsaufnahme zeigt dabei, inwieweit die jüngsten ökonomischen, ökologischen und sozialen Entwicklungen in der Bundesrepublik Deutschland den Zielen der nationalen Nachhaltigkeitsstrategie entsprechen.[58]

Bei Betrachtung der Indikatoren und Zielsetzungen der nationalen Nachhaltigkeitsstrategie (siehe Anhang A) wird deutlich, dass diese auch den Verkehrsbereich anteilig

---

[54] Vgl. Bundesregierung (Hrsg.) (2010), abrufbar unter
http://www.bundesregierung.de/Content/DE/StatischeSeiten/Breg/ThemenAZ/Nachhaltigkeit/nachhaltigk eit-2007-04-13-aktuelle-weiterentwicklung.html, Zugriff am 27. September 2010.
[55] Vgl. Kramer/Valentin (Hrsg.) (2007), S. 2.
[56] Vgl. BMU (Hrsg.) (2010), abrufbar unter
http://www.bmu.de/nachhaltige_entwicklung/erfolgskontrolle_und_weiterentwicklung/doc/2392.php, Zugriff am 24.11.2010.
[57] Vgl. Bundesregierung (Hrsg.) (2010), abrufbar unter
http://www.bundesregierung.de/nn_774/Content/DE/StatischeSeiten/Breg/ThemenAZ/Nachhaltigkeit/nac hhaltigkeit-2007-04-13-erfolgskontrolle_3A-die-21-indikatoren.html, Zugriff am 27.09.2010.

betreffen. Sowohl im Bereich des Klimaschutzes, als auch bei der Flächeninanspruchnahme, der Luftqualität, der Ressourcenschonung und explizit auch im Bereich Mobilität, findet der Verkehrsbereich Eingang in die nationale Nachhaltigkeitsstrategie.
Schlussendlich bedeutet dies, dass dem Verkehrsbereich eine nicht unerhebliche
Bedeutung auf dem Weg hin zu einer nachhaltigen Entwicklung zugesprochen wird und
es deshalb Wege zu finden gilt, wie auch Mobilität und Verkehr möglichst nachhaltig
gestaltet werden können. Zu diesem Zweck ist es notwendig, die beiden Begriffe
„Verkehr" und „Mobilität" zunächst voneinander abzugrenzen und zu charakterisieren,
was im folgenden Kapitel erfolgt.

---

[58] Vgl. Bundesregierung (Hrsg.) (2008), S. 12.

3 Mobilität und Verkehr

Nachdem im zweiten Kapitel ein grundlegendes Nachhaltigkeitsverständnis geschaffen wurde, liegt das Ziel des vorliegenden Kapitels in der Schaffung eines Grundverständnisses von Verkehr und Mobilität, wozu zunächst eine genauere Bestimmung und Eingrenzung dieser beiden Begriffe stattfindet. Im Anschluss werden die Verkehrsträger im Personenverkehr voneinander abgegrenzt und charakterisiert, woraufhin sich Kapitel 3.4 mit dem Mobilitäts- und Verkehrsverhalten in Deutschland auseinandersetzt.

3.1 Der Zusammenhang zwischen Mobilität, Bedürfnis und Verkehr

Der Begriff „Mobilität" stammt ursprünglich aus dem Lateinischen und beschreibt allgemein die Beweglichkeit von Personen und Sachen.[59] Die Verwendung des Begriffs kann in mehreren Zusammenhängen erfolgen. So spricht man etwa von beruflicher Mobilität, wenn der Wechsel von einem Beruf zum anderen vorgenommen wird. Daneben findet Mobilität auch häufige Verwendung im Zusammenhang mit dem Wechsel zwischen sozialen Schichten, gewählten Parteien, arbeitsplatzbietenden Sektoren etc.[60] Gerade für eine arbeitsteilige und international verflochtene Gesellschaft und Wirtschaft ist Mobilität von grundsätzlicher Bedeutung.[61] Sie ist nicht nur Ausdruck des menschlichen Bedürfnisses nach Beweglichkeit, sondern auch Voraussetzung für die Funktionsfähigkeit und wirtschaftliche Leistungsfähigkeit unserer Gesellschaft.[62] Im Rahmen der Verkehrswissenschaften ist die in dieser Arbeit zu betrachtende räumliche bzw. geographische Mobilität von besonderer Bedeutung.[63] Die Bundesregierung definiert dafür in ihrem Nachhaltigkeitsbericht Mobilität als „... *die Verkehrsbeweglichkeit von Menschen und Gütern unabhängig vom Verkehrsmittel und der zurückgelegten Distanz"* (BUNDESREGIERUNG (2002), S. 145).

Gemäß BECKER et al. (1999) basiert Mobilität auf einem Mobilitätsbedürfnis, das entsteht, wenn ohne Ortsveränderung einer Person, eines Gutes oder einer Information

---

[59] Vgl. Zängler (2000), S. 19.
[60] Vgl. Eckey/Stock (2000), S. 1.
[61] Vgl. Adler (2005), S. 5.
[62] Vgl. Hautzinger et al. (Hrsg.) (1997), S. 8.

keine Bedürfnisbefriedigung möglich ist.[64] Erst wenn sich ein einzelner dazu entscheidet, ein Mobilitätsbedürfnis tatsächlich umzusetzen bzw. zu befriedigen, entsteht realisierte Mobilität, die dem entspricht, was gesellschaftlich kurz als „Mobilität" bezeichnet wird. Bei dieser (realisierten) Mobilität handelt es sich demzufolge nicht mehr nur um eine Möglichkeit, sondern eine echte Bewegung, dessen Antriebsfeder Bedürfnisse sind. Zur Durchführung einer Bewegung bedarf es eines Instruments, welches in diesem Zusammenhang unter dem Begriff Verkehr zusammengefasst ist. Verkehr kann demnach als das Instrument verstanden werden, das Mobilität ermöglicht bzw. umsetzt. Beim Verkehr stehen nicht mehr die Bedürfnisse, sondern die technischen und sonstigen Randbedingungen, wie bspw. Fahrzeuge, Fahrbahnen etc. im Vordergrund und es ist die Gesamtheit aller Inputfaktoren (Rohstoffe, Energie, etc.) und Outputfaktoren (Lärm, CO2, Unfälle etc.) notwendig, um das Phänomen zutreffend beschreiben zu können. Die nachfolgende Abbildung verdeutlicht dieses Verständnis noch einmal graphisch.

Abb. 2: Grundsätzliches Verständnis zur Einordnung von Mobilität und Verkehr

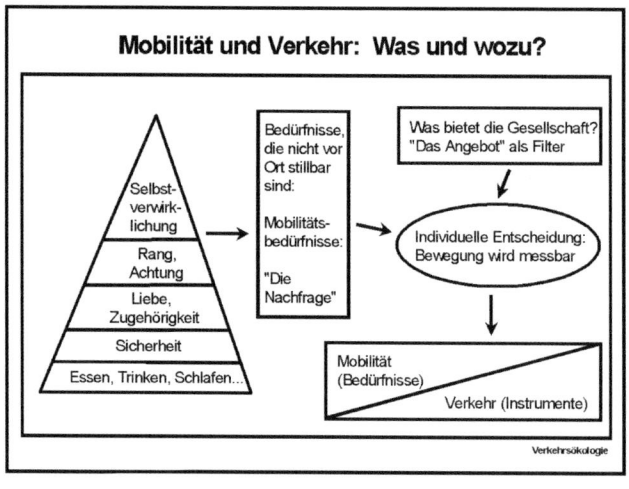

Quelle: GERIKE/BECKER (2000): Ziele von und für Verkehr, Wozu dient eigentlich unser Verkehr, und wie soll er aussehen? In: Wissenschaftliche Zeitschrift der TU Dresden, 49 (2000), Heft 3

---

[63] Vgl. Heine (1998), S. 23ff.
[64] Vgl. hierzu und im Folgenden Becker et al. (1998).

Als Ausgangsbasis dient die, von einer hierarchisch angeordneten Bedürfnisstruktur der Individuen ausgehenden, Bedürfnispyramide von ABRAHAM H. MASLOW.[65] Innerhalb der Hierarchie ist es dabei zunächst notwendig, die grundlegenden Bedürfnisse zu befriedigen, bevor die Bedürfnisse der jeweils übergeordneten Ebene befriedigt werden können. Die Spitze der Pyramide bildet das Bedürfnis „Selbstverwirklichung".[66] Hat ein Individuum ein Bedürfnis, das vor Ort nicht befriedigt werden kann, so resultiert daraus ein Mobilitätsbedürfnis und es entsteht zunächst eine Nachfrage nach Mobilität. Unter Berücksichtigung des vorgegebenen Angebotes an Verkehrswegen, Preisen, etc. findet anschließend eine individuelle Entscheidung für die Umsetzung des Mobilitätsbedürfnisses statt und es ergeben sich beobachtbare Ortsveränderungen, realisiert durch Verkehr, welche die „Bewegung" messbar machen. Genau genommen beschreibt Verkehr damit letztlich dasselbe wie Mobilität, jedoch aus einem anderen Blickwinkel betrachtet.[67] Mobilität und Verkehr sind damit ein untrennbares Begriffspaar, wie zwei Seiten einer Medaille.[68] Aus dieser Erkenntnis lassen sich zwei konkrete Definitionen ableiten:[69]

Definition 1: Mobilität beschreibt die Bedürfnisseite von Ortsveränderungen: (Realisierte) Mobilität ist eine Bewegung nach einer individuellen Entscheidung für ein gesellschaftliches Angebot, das ein Bedürfnis abdeckt. Der Begriff "Mobilität" steht somit immer für Bedürfnisse.

Definition 2: Für jede Mobilität sind Ressourcen, Instrumente und Hilfsmittel notwendig. "Verkehr" wird definiert als Gesamtheit aller Instrumente, die für Mobilität benötigt werden, also die Verkehrsmittel, Verkehrswege, Verkehrsregeln, Verkehrsinfrastrukturen etc. Kurz: Verkehr ist das Instrument, das Mobilität ermöglicht.

Zusammenfassend lässt sich feststellen, dass der Begriff „Mobilität" immer dann angebracht ist, wenn es um die Bedürfnisse geht, der Begriff „Verkehr" hingegen dann, wenn es um die technische Umsetzung geht. Das Ziel von Verkehr liegt damit offen-

---

[65] Vgl. Maslow (1970), S. 35ff.
[66] Vgl. ebd.
[67] Vgl. Zängler (2000), S. 22.
[68] Vgl. hierzu und im Folgenden Becker et al. (1998).
[69] Vgl. Becker (ohne Datum) abrufbar unter
ftp://www.htlwien10.at/UZSB/Zusatzmaterial/Nachhalt_Verkehr.pdf, S. 4, Zugriff am 01.10.2010.

sichtlich in der Befriedigung von Mobilitätsbedürfnissen.[70] Anders ausgedrückt: *„Das Ziel von Verkehr ist bedürfnisgerechte Mobilität für alle"* (BECKER et al., 1999, S. 6).

3.2 Das Angebot: Verkehrsträger im Personenverkehr

Wie im vorangegangenen Abschnitt herausgestellt wurde, bedarf es zur Umsetzung von Mobilitätsbedürfnissen eines Instruments, welches unter dem Begriff „Verkehr" zusammengefasst werden kann und es wurde verdeutlicht, dass die Individuen bei der Befriedigung ihrer Mobilitätsbedürfnisse immer auch nach dem Angebot entscheiden, das die Gesellschaft zur Verfügung stellt. Doch wie gestaltet sich dieses Angebot konkret? Und welche spezifischen Anforderungen stellen die Individuen an dieses Angebot? Existieren Angebotslücken, die mit neuen Verkehrskonzepten, wie bspw. dem Car-Sharing evtl. geschlossen werden können? Diesen und weiteren Fragen widmen sich die vorliegenden beiden Kapitel.

In Anlehnung an Abbildung 3 lässt sich der Verkehr grundsätzlich in zwei Bereiche, den Güter- und Personenverkehr, aufteilen.

Abb. 3: Verkehr

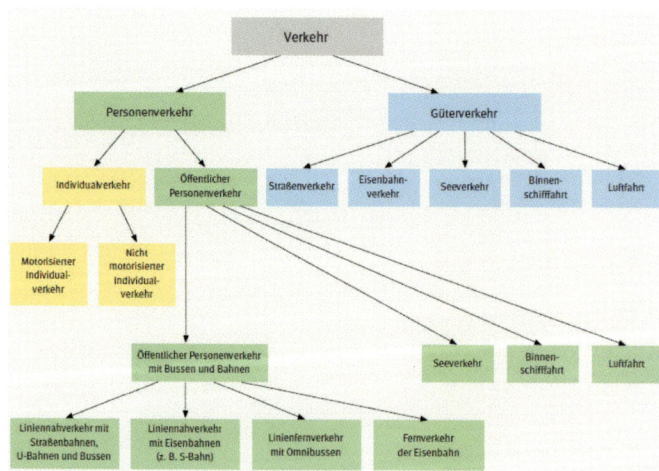

Quelle: STATISTISCHES BUNDESAMT (Hrsg.) (2006): Im Blickpunkt: Verkehr in Deutschland 2006, Wiesbaden, S. 13

---

[70] Vgl. Becker et al. (1998).

Während der Güterverkehr auf Grund der Themenstellung im Folgenden nicht näher betrachtet werden soll, findet im Bereich des Personenverkehrs eine weitere Unterteilung in Individualverkehr und öffentlichen Personenverkehr statt. Zum Individualverkehr zählen in diesem Zusammenhang der motorisierte (Pkw, Krafträder und Leichtkrafträder) und der nicht-motorisierte (Fahrrad und Fußweg) Individualverkehr. Der öffentliche Personenverkehr setzt sich dagegen aus dem Bus- und Bahnverkehr, der noch einmal in die Bereiche Nah- und Fernverkehr unterschieden wird, dem Seeverkehr, der Binnenschifffahrt und dem Luftverkehr zusammen.

Eine weitere Möglichkeit der Systematisierung findet sich bei ECKEY und STOCK (2000).[71] Hier werden die Verkehrsträger im Personenverkehr je nach genutztem Verkehrsweg unterschieden, d.h. in Straßen-, Schienen-, Luft- und Wasserverkehr untergliedert. Zum Straßenverkehr zählen dabei die Verkehrsträger Fahrrad, Motorrad, Auto und Bus, während man von Schienenverkehr spricht, wenn die Verkehrsträger auf Gleisen fahren (Straßen-, U- und Eisenbahnen). Auch hier findet eine weitere Unterscheidung in Nah- und Fernverkehr statt: Während Straßen- und U-Bahnen nur zur Befriedigung der Bedürfnisse im Nahverkehr (Entfernungen unter 50 km) eingesetzt werden, sind Eisenbahnen sowohl im Nah- als auch im Fernverkehr (Entfernungen über 50 km) tätig. Dem Wasserverkehr ist im Bereich des Personenverkehrs insgesamt nur eine geringe Bedeutung beizumessen, weshalb er im Folgenden vernachlässigt werden soll.

3.3 Charakteristika der Verkehrsträger im Personenverkehr und Nutzeranforderungen

Die Wahl eines entsprechenden Verkehrsträgers hängt dabei von unterschiedlichen Faktoren ab. Jeder Verkehrsträger besitzt unterschiedliche Merkmale und erfüllt gewisse Anforderungen der Nutzer besser oder schlechter bzw. ist zur Befriedigung eines individuellen Mobilitätsbedürfnisses mehr oder weniger geeignet. ECKEY und STOCK (2000) haben zu diesem Zweck acht Anforderungen der Nutzer an die Verkehrsträger

---

[71] Vgl. hierzu und im Folgenden Eckey/Stock (2000), S. 11f.

formuliert[72], auf die sich unter anderem auch SCHUBERT stützt[73] und die im Folgenden näher betrachtet werden sollen.

Erfordernis von Zertifizierung

Die erste Anforderung stellt in diesem Zusammenhang das Erfordernis von Zertifizierung dar. Während die Nutzung von Fahrrad, Flugzeug, Straßenbahn, Bus und Eisenbahn jedermann möglich ist[74], kann der Pkw nur bei Vorliegen einer gültigen Fahrerlaubnis genutzt werden. Für den Nutzer bedeutet dies einen nicht unerheblichen Kosten-, als auch Zeitaufwand, der mit dem Erwerb des Führerscheins verbunden ist, weshalb der Pkw in diesem Anforderungsbereich im Vergleich zu den anderen Verkehrsträgern relativ schlecht abschneidet.

Transport von Gütern

Anders sieht es hingegen bei der zweiten Anforderung „Transport von Gütern" aus. Auch auf Personenfahrten werden oftmals Güter bspw. in Form von Koffern oder Taschen mitgeführt, deren Transport sich mit dem Pkw als wenig umständlich gestaltet. Bei den übrigen Verkehrsträgern sind die Transportmöglichkeiten dagegen als sehr begrenzt einzustufen. Während im Flugzeug klare Gepäckvorschriften hinsichtlich Anzahl und Gewicht gelten[75], ist die Transportmöglichkeit im Bus- und Schienenverkehr wesentlich von der Auslastung und der persönlichen Tragfähigkeit abhängig, beim Fahrrad hingegen ist auf Grund der physischen Konzeption kaum eine Transportmöglichkeit gegeben.

Netzbildung

Im Bereich der Netzbildung als dritte Anforderung, gilt es möglichst ohne Unterbrechungen vom Ausgangspunkt zum Zielpunkt zu gelangen, was mit dem Pkw problemlos möglich ist, da nur ein Verkehrsmittel genutzt wird und kein Umsteigen beim gleichen Verkehrsträger notwendig ist. Bei der Nutzung von Bus und Bahn bspw., ist es hingegen zunächst notwendig zum Ausgangspunkt der Fahrt, d.h. zur nächsten Station zu gelangen. Zwischen der Quell- und Zielstation kann es anschließend notwendig sein einmal

---

[72] Vgl. Eckey/Stock (2000), S. 12ff.
[73] Vgl. Schubert (2010), S. 21ff.
[74] Vgl. König (2008), S. 104.
[75] Vgl. beispielsweise Lufthansa Gepäck Ratgeber, abrufbar unter
http://www.lufthansa.com/de/de/Gepaeck-Ratgeber, Zugriff am 04.11.2010.

oder sogar mehrmals umzusteigen und abschließend muss die Entfernung zwischen Zielstation und Zielpunkt noch überbrückt werden. Der Verkehr kann in diesem Fall als gebrochen bezeichnet werden, während es sich bei der Fahrt mit dem Pkw vom Ausgangspunkt zum Zielpunkt um ungebrochenen Verkehr handelt.[76]

Verfügbarkeit

Die vierte Anforderung der Nutzer an die Verkehrsträger im Personenverkehr sehen ECKEY und STOCK (2000) in der Verfügbarkeit. Neben dem Pkw sticht an diesem Punkt das Fahrrad positiv heraus, was sich mit der Entscheidungsfreiheit über Fahrzeit, Fahrroute und Fahrgeschwindigkeit des Reisenden begründen lässt. Eine solche individuelle Ortsveränderung ist daneben auch zu Fuß oder bei der Nutzung von Krafträdern und Leichtkrafträdern möglich, jedoch nicht im öffentlichen Personenverkehr, wo Fahrzeiten, Fahrrouten und Fahrgeschwindigkeit in der Regel vorgegeben sind.

Fahrgenuss

Als fünfte Anforderung wird der Fahrgenuss angeführt. In einer detaillierten Befragung[77] anhand von eintausend Pkw-Fahrern wurde unter anderem der mangelnde Fahrkomfort als Begründung für die Nutzung des Pkws und gegen die Nutzung öffentlicher Verkehrsmittel angeführt. Der öffentliche Personennahverkehr wird von den Nutzern oftmals als wenig komfortabel, und auf Grund einiger Mitreisenden unter Umständen sogar als bedrohlich angesehen. Zusätzlich wurden das mangelnde oder zu langsame Angebot, sowie die hohen Fahrkosten kritisiert. Die Argumente gegen das Fahrrad sind ähnlich. Mangelnde Transportmöglichkeiten von Gepäck, die Abhängigkeit vom Wetter, eine zu weite Entfernung, die körperliche Anstrengung und der mangelnde Komfort führen oftmals zu einer Entscheidung gegen das Fahrrad zu Gunsten des Pkw.

Kosten

Die sechste Anforderung an die Verkehrsträger im Personenverkehr stellen die Fahrkosten dar. Mit der Nutzung verschiedener Verkehrsträger gehen je Entfernungseinheit Kosten einher, die sich ihrer Höhe nach zum Teil stark unterscheiden. Der mit Abstand

---

[76] Vgl. Kummer (2006), S. 47.
[77] Vgl. ECMT (Hrsg.) (1996), S. 20f.

25

kostengünstigste Verkehrsträger ist in diesem Fall das Fahrrad und auch der Fußweg verursacht keine nennenswerten Kosten.[78]

Fahrgeschwindigkeit

Bezüglich der Fahrzeit bzw. Fahrgeschwindigkeit als siebte Anforderung, muss berücksichtigt werden, dass die Verkehrsträger unterschiedliche Zeiten benötigen, um Personen vom Quellort A bis zum Zielort B zu befördern. Das Flugzeug stellt dabei den mit Abstand schnellsten Verkehrsträger dar[79], gefolgt von der Eisenbahn und dem Pkw. Beim Pkw hängen die Geschwindigkeiten dabei von unterschiedlichen Faktoren, wie Straßentyp (Autobahn, Landstraße), Belegung der Straße und der individuellen Fahrweise des Fahrers ab.

Sicherheit

Als letzte und achte Anforderung benennen ECKEY und STOCK (2000) die Sicherheit. Aus Nutzersicht sollte diese beim Verkehrsträger möglichst hoch sein, da Verkehrsunfälle die Gesundheit und das Leben der Verkehrsteilnehmer gefährden können. Wie an späterer Stelle noch zu sehen sein wird, ereignen sich die meisten Unfälle im Straßenverkehr. Auch wenn die Insassen von Pkw die mit Abstand am meisten von Unfällen Betroffenen darstellen, so bietet der Pkw im Falle eines Unfalls besseren Schutz als ein Fahrrad, weshalb letzteres im Bereich der Sicherheit als „sehr schlecht" eingestuft wurde.

Durch die Konfrontation der Anforderungen durch die Nutzer mit den Charakteristika oder Merkmalen der einzelnen Verkehrsträger, können anschließend individuelle Qualifikationsprofile abgeleitet wurden. Die folgende Abbildung zeigt die nach Einschätzung von ECKEY und STOCK (2000) abgeleiteten Qualifikationsprofile der Verkehrsträger im Personenverkehr.

---

[78] Zahlen bezüglich der Kosten einzelner Verkehrsträger finden sich bei Eckey/Muraro (2007), S. 15.
[79] Vgl. Koch (2006), S. 87f.

Abb. 4: Qualifikationsprofile der Verkehrsträger im Personenverkehr[80]

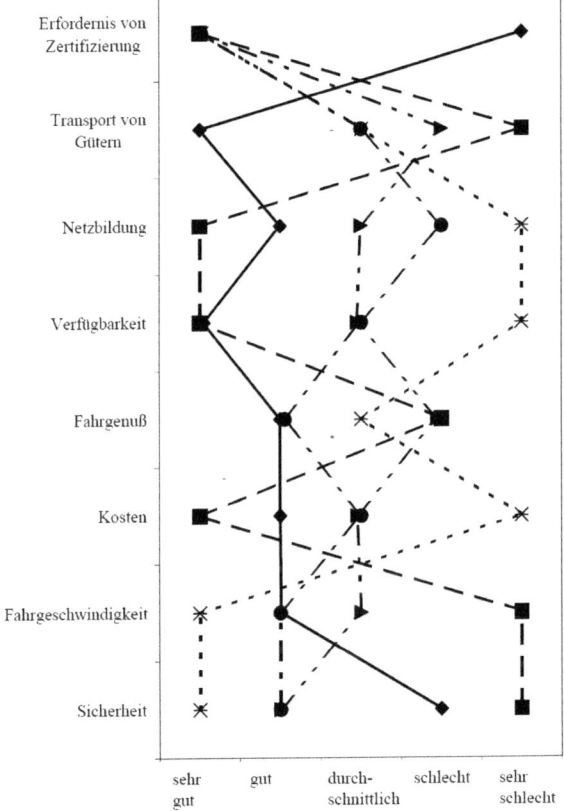

Quelle: ECKEY/STOCK (2000): Verkehrsökonomie, Wiesbaden, S. 16

Es zeigt sich, dass der Pkw den Anforderungen der Nutzer am ehesten gerecht wird und damit die Mehrheit der Mobilitätsbedürfnisse am besten befriedigt. Abgesehen von dem

---

[80] *Anmerkung:* Die in Abb. 4 dargestellten Qualifikationsprofile stellen lediglich Einschätzungen der Autoren Eckey/Stock (2000) dar und basieren auf keinen erkennbaren empirischen Grundlagen. Die Einordnung erscheint anhand der vorangegangenen Charakterisierung jedoch logisch und nachvollziehbar, weshalb sie an dieser Stelle trotzdem angeführt wurde.

Erfordernis einer gültigen Fahrerlaubnis und der Sicherheit, erfüllt der Pkw gemäß seines Qualifikationsprofils alle genannten Anforderungen „gut" bis „sehr gut".[81]

Auch die im Rahmen einer vom Verkehrsclub Deutschland e. V. (VCD) durchgeführten Umfrage befragten Teilnehmer, schätzen am Pkw insbesondere seinen hohen Komfort und versprechen sich einen geringeren Reisezeitaufwand im Vergleich zur Nutzung der Bahn.[82] Der wichtigste Faktor für die Wahl des Verkehrsmittels bzw. der am meisten genannte Grund für die Nutzung des eigenen Pkw war in diesem Zusammenhang jedoch „Flexibilität".[83] Ein zentrales Ergebnis der Umfrage lautet dementsprechend, dass Menschen flexibel mobil sein möchten, was bei der Nutzung von öffentlichen Verkehrsmitteln nicht in dem Maße realisierbar ist, wie beim Individualverkehr. Pkw, Fahrrad oder Schuhe bewegen sich in der Regel zu jedem gewünschten Zeitpunkt zu jedem angestrebten Ziel eines Individuums, während die liniengebundenen Verkehrsmittel wie Bus und Bahn, vielmehr nur nach genauen Regeln zu bestimmten Zeiten (Fahrpläne) und in bestimmte Richtungen (Streckennetz) genutzt werden können[84] (siehe *Verfügbarkeit*). Unter ausschließlicher Betrachtung des motorisierten Verkehrs, d.h. unter Ausschluss des Fahrrads und der Schuhe, kann insbesondere im Bereich der Netzbildung und Verfügbarkeit - den Einflussfaktoren auf die Flexibilität - eine „Lücke" zwischen dem öffentlichen Verkehr und dem motorisierten Individualverkehr ausgemacht werden.[85] Anders ausgedrückt kann der Nutzer bei der Wahl des Verkehrsträgers nur zwischen zwei Extrempunkten wählen: Den gebrochenen und an Fahrzeiten, sowie Fahrstrecken gebundenen öffentlichen Personenverkehr auf der einen Seite und den ungebrochenen, sowie ungebundenen und stetig verfügbaren motorisierten Individualverkehr auf der anderen Seite. Welcher Alternative in der Bundesrepublik tatsächlich mehrheitlich der Vorzug gewährt wird, ist Untersuchungsgegenstand des folgenden Kapitels.

---

[81] Vgl. hierzu auch ILS NRW (Hrsg.) (2005), S. 22.
[82] Vgl. VCD e. V. (Hrsg.) (2009), S. 8.
[83] Vgl. VCD e. V. (Hrsg.) (2009), S. 17.
[84] Vgl. Petersen (1995), S. 60.
[85] Vgl. ebd.

3.4 Mobilitäts- und Verkehrsverhalten in Deutschland

Nachdem im vorangegangenen Abschnitt die einzelnen Verkehrsträger zunächst vorgestellt und anschließend aus Nutzerperspektive analysiert wurden, beschäftigt sich der vorliegende Abschnitt mit dem Thema Mobilität und Verkehr aus gesamtgesellschaftlicher Perspektive. Im Vordergrund steht dabei die Frage, ob das günstige Qualifikationsprofil des Pkw sich auch tatsächlich in einer Dominanz des Pkw im Personenverkehr der Bundesrepublik Deutschland wiederspiegelt. Die Daten stützen sich dabei vorwiegend auf die Ergebnisse der bundesweiten Befragung von mehr als 50000 Haushalten im Rahmen der Studie „MiD 2008", die als Basis für die Verkehrsplanung, sowie für vielfältige wissenschaftliche Untersuchungen zur Alltagsmobilität in Deutschland dient, sowie Erhebungen des Statistischen Bundesamtes.

Auf Basis der vorangegangenen Untersuchungen überrascht die überragende Rolle des Pkw im Rahmen des Personenverkehrs kaum. Bereits ab Mitte der 50er Jahre wurden im früheren Bundesgebiet mehr Fahrten mit dem eigenen Pkw, als mit öffentlichen Verkehrsmitteln unternommen. Im Jahr 2006 entfielen in Deutschland rund 83 Prozent des motorisierten Individualverkehrs auf Fahrten mit dem Pkw. Durchschnittlich wurden im selben Jahr je Einwohner 694 Fahrten pro Jahr unternommen, was knapp zwei Fahrten pro Tag entspricht.[86] Mit einem Anteil von 58 Prozent an allen Wegen dominiert der Pkw damit als Verkehrsträger[87], dicht gefolgt von den eigenen Füßen: Rund ein Viertel aller Alltagswege werden zu Fuß bewältigt.[88] Erst danach folgen mit zehn bzw. neun Prozent das Fahrrad und der öffentliche Verkehr.[89] Die Ausstattung der Haushalte mit Pkw ist dabei offensichtlich abhängig vom Haushaltseinkommen.

---

[86] Vgl. Statistisches Bundesamt (Hrsg.) (2008), S. 316.
[87] Vgl. Infas/DLR (Hrsg.) (2010), S. 25.
[88] Vgl. Heitland (2007), S. 11.
[89] Vgl. Infas/DLR (Hrsg.) (2010), S. 25.

Abb. 5: Anzahl der Pkw in den Haushalten in Prozent: Gesamt 2002 und 2008, sowie nach monatlichem Haushaltsnettoeinkommen 2008 in Euro

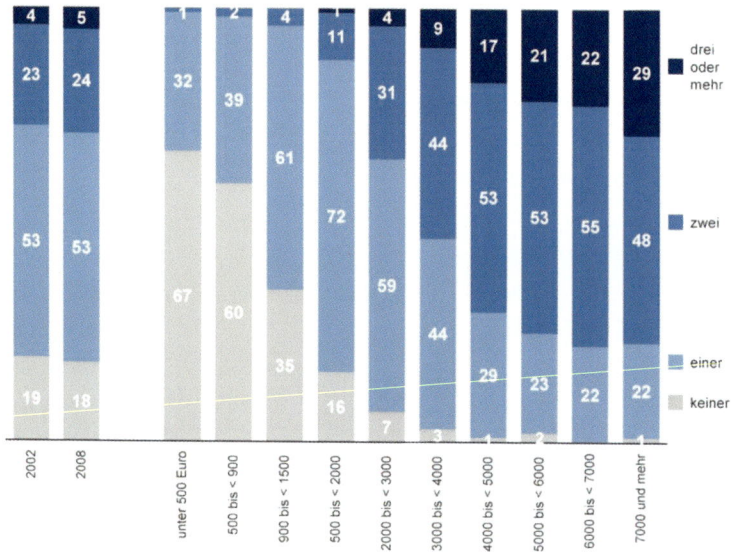

Quelle: INFAS/DLR (Hrsg.) (2010): Mobilität in Deutschland 2008, Bonn/Berlin, S. 58

Abbildung fünf zeigt, dass mit steigenden monatlichen Haushaltsnettoeinkommen auch die Anzahl der Pkw in den Haushalten zunimmt. Während mehr als die Hälfte der Haushalte bei einem monatlichen Nettoeinkommen bis 900 EUR noch keinen Pkw besitzen, dreht sich das Verhältnis bei einem monatlichen Haushaltsnettoeinkommen im Bereich von 900 bis 1500 EUR um, sodass in diesem Bereich schon mehr als 60 Prozent der Haushalte einen Pkw besitzen. Bei einem monatlichen Nettoeinkommen der Haushalte in Höhe von 3000 bis 4000 EUR, ist die Anzahl der Haushalte mit einem Pkw bereits genauso groß wie die Anzahl der Haushalte mit zwei Pkw, während im Einkommensbereich von 4000 bis 7000 EUR schon mehr als die Hälfte der Haushalte zwei Pkw haben, und knapp ein Viertel jeweils einen bzw. drei oder mehr Pkw besitzen. Absolute Spitze bildet die Gruppe der Haushalte mit einem monatlichen Nettoeinkommen von 7000 EUR und mehr: Fast ein Drittel dieser Haushalte verfügen über drei oder mehr Pkw, 48 Prozent über zwei, lediglich 22 Prozent über einen und nur 1 Prozent über keinen Pkw. Insgesamt ist die Anzahl der Haushalte mit einem Pkw dabei zwischen 2002 und 2008 konstant bei 53 Prozent verblieben. Die Anzahl der Haushalte mit zwei

30

oder gar drei und mehr Pkw ist hingegen im gleichen Zeitraum um jeweils einen Prozentpunkt angestiegen.

Ob ein Haushalt über einen oder sogar mehrere Pkw verfügt oder nicht, hat großen Einfluss auf das Mobilitätsverhalten der Personen. Die in Haushalten ohne Pkw lebenden Personen bestreiten rund 86 Prozent aller Wege mit nicht-motorisierten oder öffentlichen Verkehrsmitteln. Sobald ein Haushalt nur über einen Pkw verfügt, geht der Anteil der Wege, die zu Fuß zurückgelegt werden, als auch die Wege mit öffentlichen Verkehrsmitteln drastisch zurück.[90] Der häufigsten Wegezwecke, d.h. der Grund, warum jemand das Haus verlässt, stellen eine Freizeitaktivität und das Einkaufen dar (siehe Abb.6).

Abb. 6: Anteil der Wegezwecke am Verkehrsaufkommen 2002 und 2008 in Prozent

2008

Quelle: INFAS/DLR (Hrsg.) (2010): Mobilität in Deutschland 2008, Bonn/Berlin, S. 28

---

[90] Vgl. Infas/DLR (Hrsg.) (2010), S. 67.

Es folgen die Arbeit mit 14 Prozent, „private Erledigungen" (12 Prozent), „Begleitung" (8 Prozent), dienstliche Wegezwecke (7 Prozent) und schließlich „Ausbildung" mit sechs Prozent. Auch in Bezug auf die absoluten Wegezahlen kommt dem Wegezweck „Freizeit" die höchste Bedeutung zu. Im Jahr 2008 wurden durchschnittlich jeden Tag rund 91 Mio. Wege mit insgesamt 1,3 Mrd. Personenkilometern für Freizeitwege zurückgelegt. Zur Tätigung der Einkäufe wurden im selben Jahr pro Tag 58 Mio. Wege mit zusammen 294 Mio. Personenkilometern, zumeist mit dem Pkw bewältigt, was unter anderem mit der im vorangegangenen Abschnitt dargestellten Flexibilität und guten Transportkapazität des Pkw gegenüber anderen Verkehrsträgern zusammenhängen könnte.

Insgesamt werden durchschnittlich 3,4 Wege mit einem Zeitaufwand von 1 h 19 min. pro Person an einem Tag zurückgelegt. Die durchschnittliche Wegelänge betrug 2008 dabei 11,5 km, was zu einer Tagesstrecke von durchschnittlich 39 km pro Person am Tag führt.[91] Die 3,2 Mrd. Personenkilometer, die durchschnittlich pro Tag in Deutschland zurückgelegt werden, verteilen sich dabei nicht gleichmäßig auf die Altersgruppen, sondern es zeigt sich eine deutliche Korrelation zwischen Mobilität und Alter. Kinder, Jugendliche und ältere Menschen tragen - verglichen mit ihrem Anteil an der Gesamtbevölkerung - weit unterdurchschnittlich zur Gesamtverkehrsleistung bei. Die höchste Personenkilometerleistung entsteht mit 688 Mio. km in der Altersgruppe von 40 bis 49 Jahren, wobei generell gilt, dass die Altersgruppe der mittleren Altersphase die höchsten Werte in der Verkehrsleistung aufweisen. Mit dem Erreichen der Volljährigkeit erfolgt der Sprung von moderaten zu hohen Verkehrsleistungen. Die Gründe dafür sind vielfältig: Zum einen wird mit 18 bzw. 17 Jahren der Erwerb des Pkw-Führerscheins möglich und für viele ändert sich die Ausbildungs- und Erwerbssituation, sowie der Haushaltskontext. Die nachfolgende Tabelle gibt detailliert Aufschluss über die zurückgelegten Personenkilometer pro Tag nach Alter und Bevölkerungsanteil der Personengruppe.

---

[91] Vgl. hierzu und im Folgenden Infas/DLR (Hrsg.) (2010), S. 28.

Tab. 1: Personenkilometer pro Tag nach Alter und Bevölkerungsanteil der Personengruppe

Jahre	Personen-kilometer Mio.	%	Anteil Altersgruppen an Gesamt-bevölkerung %
0 – 10 Jahre	210	7	10
11 – 13	65	2	3
14 – 17	110	3	4
18 – 29	564	18	14
30 – 39	588	18	14
40 – 49	688	21	17
50 – 59	468	15	13
60 – 64	153	5	5
65 – 74	261	8	11
75 und älter	107	3	8
gesamt	3.214	100	100

Quelle: INFAS/DLR (Hrsg.) (2010): Mobilität in Deutschland 2008, Bonn/Berlin, S. 78

Die Daten in der Tabelle bestätigen den Einfluss des Führerscheinbesitzes auf die Mobilität. Personen ohne Führerschein sind nicht nur weniger mobil, sie legen auch weniger als die Hälfte der durchschnittlichen Tagesstrecke der Führerscheinbesitzer zurück.[92] Die hauptsächliche Art der Fortbewegung ist in allen Altersgruppen zwischen 18 und 74 Jahren das motorisierte Fahren: Auf 58 Prozent der Wege eines durchschnittlichen Tages, stellt ein motorisiertes Verkehrsmittel das Hauptverkehrsmittel dar.[93] Bei fast zwei Dritteln aller Wege mit dem Pkw sitzt dabei nur der Fahrer im Fahrzeug. Unter Berücksichtigung der Fahrten, die gemeinsam mit Mitfahrern durchgeführt werden, ergibt sich so ein durchschnittlicher Besetzungsgrad bei der Nutzung des Pkw von knapp 1,5. Je nach Wegezweck variiert dieser Wert allerdings. Insbesondere für Wege zur Arbeit, sowie für dienstliche und geschäftliche Wege ergeben sich besonders

---

[92] Vgl. Infas/DLR (Hrsg.) (2010), S. 84.
[93] Vgl. Infas/DLR (Hrsg.) (2010), S. 91.

niedrige Besetzungsgrade, wohingegen die Wegezwecke „Ausbildung", „Freizeit" und „Begleitung" besonders hohe Besetzungsgrade aufweisen.[94]

Die hohe volkswirtschaftliche Bedeutung des aus den Mobilitätsbedürfnissen der Bevölkerung resultierenden Verkehrs in Deutschland ist nicht verkennbar: Im Jahr 2004 hatte der Verkehrssektor einen Anteil von 3,2 Prozent am Bruttoinlandsprodukt und circa jeder 28. Erwerbstätige arbeitete in diesem Bereich, was einen Anteil von 3,5 Prozent darstellt.[95] Deutschland wird von mehr als 230.000 Kilometern Straßen (über-örtlicher Verkehr, d.h. Autobahnen, Bundes-, Landes- und Kreisstraßen)[96] durchzogen, auf denen im Jahr 2009 allein knapp 50 Mio. in Deutschland angemeldete Kraftfahrzeuge gefahren wurden, darunter etwa 41,3 Mio. Pkw und 3,5 Mio. Krafträder.

Im Bereich des Personenverkehrs macht der motorisierte Individualverkehr (MIV), der sich aus den Personenkraftwagen und den Krafträdern zusammensetzt, ca. 80 Prozent des Personenverkehrsaufwands in der Bundesrepublik aus, wobei der größte Anteil der Fahrten, gemessen in Kilometern, mit dem Pkw unternommen wird (siehe Abb. 7 und Abb. 8).

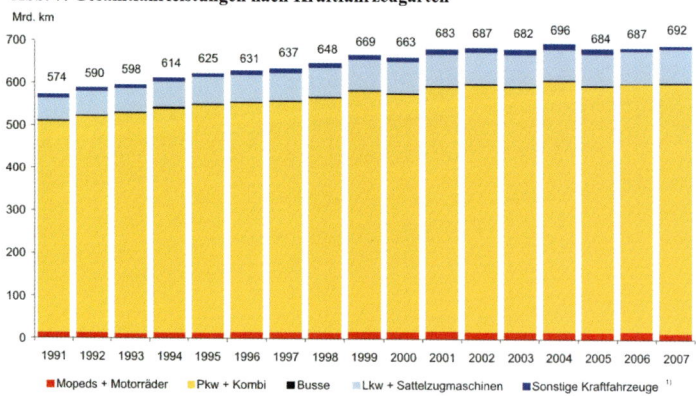

Abb. 7: Gesamtfahrleistungen nach Kraftfahrzeugarten

[1] Zugmaschinen und Sonderkraftfahrzeuge, ab 2006 werden Fahrzeuge mit Zweckbestimmung (bspw. Wohnmobile und Krankenwagen) den Pkw zugeordnet

Quelle: UBA (Hrsg.) (2009): Daten zur Umwelt, abrufbar unter http://www.umweltbundesamt-daten-zur-umwelt.de/umweltdaten/public/document/downloadImage.do?ident=16977, Zugriff am 07.12.2010

---

[94] Vgl. Infas/DLR (Hrsg.) (2010), S. 90.
[95] Vgl. Statistisches Bundesamt (Hrsg.) (2006), S. 12.
[96] Vgl. Statistisches Bundesamt (Hrsg.) (2008), S. 312.

Abb. 8: Anteile der Verkehrsträger am Personenverkehrsaufwand

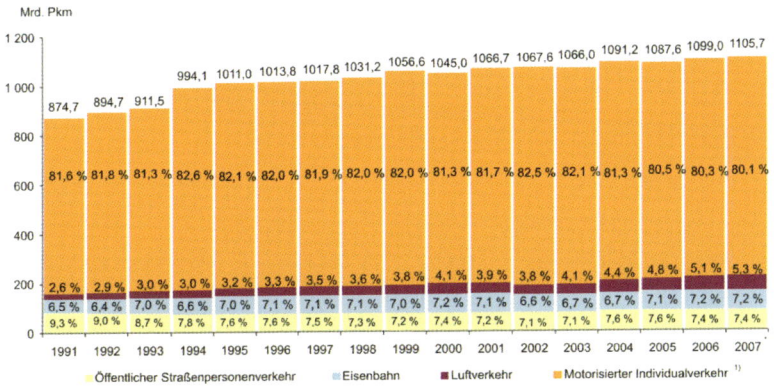

[1] Ab 1994 veränderte Methodik, die zu einem höheren Verkehrsaufwand führt
* Zum Teil vorläufige Werte

Quelle: UBA (Hrsg.) (2009): Daten zur Umwelt, abrufbar unter http://www.umweltbundesamt-daten-zur-umwelt.de/umweltdaten/public/document/downloadImage.do?ident=16975, Zugriff am 07.12.2010

Abbildung 8 zeigt, dass neben dem motorisierten Individualverkehr auch die Bedeutung des Luftverkehrs kontinuierlich zugenommen hat; von 1991 bis 2007 stieg sein Anteil am Personenverkehrsaufwand von 2,6 Prozent auf 5,3 Prozent, d.h. er hat sich mehr als verdoppelt. Auch der Eisenbahnverkehr hat eine Steigerung erfahren. Während sein Anteil am Personenverkehrsaufwand 1991 noch bei 6,5 Prozent lag, ist er im Jahr 2007 um 0,7 Prozent auf 7,2 Prozent angestiegen. Anders sieht es hingegen beim öffentlichen Straßenpersonenverkehr aus. Im Jahr 1991 lag sein Anteil am Personenverkehrsaufwand noch bei 9,3 Prozent jedoch verminderte er sich stetig bis zum Jahr 2007 auf 7,4 Prozent.

Gemäß der im Jahr 2007 vom Bundesministerium für Verkehr, Bau und Stadtentwicklung vorgelegten Verkehrsprognose 2025, wird damit gerechnet, dass der motorisierte Verkehr noch weiter zunehmen wird.[97] Es wird weiterhin davon ausgegangen, dass die Dominanz des Pkw-Individualverkehrs anhalten wird, wobei auch für die Eisenbahn und den Luftverkehr mit höheren Wachstumsraten gerechnet wird. Laut Prognose wird der öffentliche Straßenpersonenverkehr dagegen weiter zurück gehen, während die in

---

[97] Vgl. BVU/ITP (Hrsg.) (2007), S. 3f.

Personenkilometern (Pkm) gemessene Verkehrsleistung im motorisierten Individualverkehr zwischen 2004 und 2025 erwartungsgemäß um 19 Prozent von 1091 Mrd. auf 1303 Mrd. Pkm steigen wird.[98] Auch andere Prognosen stimmen mit der generellen Annahme überein, dass die weltweite Motorisierung und der damit zusammenhängende Verkehr deutlich zunehmen werden.[99]

Wie in diesem Abschnitt gezeigt wurde, stellt der Pkw in der Bundesrepublik Deutschland den dominanten Verkehrsträger im Personenverkehr dar. Diese Erkenntnis deckt sich mit der Einschätzung von ECKEY und STOCK (2000), dass der Pkw mit seinem günstigen Qualifikationsprofil den Anforderungen der Nutzer am ehesten gerecht wird, weshalb er schlussendlich vermehrt genutzt wird und anderen Verkehrsträgern, insbesondere dem öffentlichen Verkehr, unter Umständen vorgezogen wird.

Was aus Perspektive der Nutzer am ehesten den Anforderungen an den Personenverkehr entspricht, muss jedoch nicht unbedingt auch unter ökologischen, ökonomischen und sozialen Gesichtspunkten die beste Alternative zur Fortbewegung darstellen. Bei allen Vorteilen, die der eigene Pkw aus Nutzerperspektive gegenüber dem öffentlichen Verkehr aufzuweisen hat, darf nicht übersehen werden, dass die Nutzung des Privat-Pkws mit vielfältigen negativen Begleiterscheinungen einhergeht. Inwiefern und in welchem Ausmaß die vermehrte Nutzung des eigenen Pkw zur Befriedigung der Mobilitätsbedürfnisse dazu beiträgt, dass der Personenverkehr in Deutschland insgesamt als nicht-nachhaltig eingestuft werden kann, wird im folgenden Kapitel untersucht.

---

[98] Vgl. BVU/ITP (Hrsg.) (2007), S. 4, Statistisches Bundesamt (Hrsg.) (2008), S. 318.
[99] Vgl. unter anderem UPI (Hrsg.) (1995), abrufbar unter http://www.upi-institut.de/upi35.htm, Zugriff am 15.11.2010.

4 Nachhaltiger Verkehr

Bisher wurden die Bereiche Nachhaltigkeit und Verkehr getrennt voneinander betrachtet, dieses Kapitel dient nun der Zusammenführung beider Themenbereiche. Im ersten Abschnitt werden dafür zunächst die Anforderungen an einen nachhaltigen Verkehr herausgestellt. Anschließend werden die aus dem in Kapitel drei dargestellten Mobilitäts- und Verkehrsverhalten in Deutschland resultierenden vielfältigen Umweltbelastungen aufgezeigt und zusammengefasst. Den derzeitigen politischen Bemühungen zur Reduzierung der negativen Verkehrswirkungen und zur Schaffung einer nachhaltigen Verkehrspolitik widmet sich das vierte Unterkapitel. Aufbauend auf den bis dahin gewonnenen Erkenntnissen, schließt das Kapitel mit der Erarbeitung eines geeigneten Instruments zur Nachhaltigkeitsbeurteilung von Verkehrskonzepten.

4.1 Nachhaltige Verkehrsentwicklung

Nachdem die Begriffe Verkehr und Mobilität im dritten Kapitel näher erläutert wurden, stellt sich nun die Frage, wann der durch Mobilitätsbedürfnisse generierte Personenverkehr als nachhaltig betrachtet werden kann. Rückblickend auf Kapitel zwei lässt sich feststellen, dass Verkehr sozial und ökologisch verträglich, als auch ökonomisch gestaltet werden muss, um mit dem Konzept einer nachhaltigen Entwicklung konform zu gehen.

BECKER et al. (1999) definieren dafür in Ihrer Studie „Ziele von und für Verkehr" als „Sozial" vorrangig alles, was niemanden ungerechtfertigt bevorteilt oder diskriminiert.[100] Dazu gehöre auch, dass die Auswirkungen des Verkehrs auf Dritte bzw. nicht-Nutzer über externe Belastungen, wie bspw. Abgasemissionen, minimal gehalten werden. Als ökologisch verträglich gelte weiterhin alles, was eine Verringerung der Belastungen des Verkehrs auf die Umwelt bedeutet, d.h. was die Inputs und Outputs minimiert. Hinsichtlich der ökonomischen Dimension steht der Effizienzgedanke im Vordergrund. Die Autoren argumentieren, dass das vorgegebene Ziel der bedürfnisgerechten Mobilität für alle mit einem möglichst geringen Mitteleinsatz erreicht werden

---

[100] Vgl. hierzu und im Folgenden Becker et al. (1999), S. 6f.

müsse. Das Verkehrssystem sei demnach so zu gestalten, dass insgesamt die preiswerteste Lösung zum Tragen kommt, die das vorgegebene Ziel erfüllt. Diese Auffassung teilen auch die Verfasser des Abschlussberichts zum Forschungs- und Entwicklungsvorhaben zur Umsetzung und Akzeptanz einer nachhaltigen Verkehrspolitik im Auftrag des Bundesministeriums für Verkehr-, Bau- und Wohnungswesen.[101] Dort wird etwas detaillierter gefordert, dass die vom Verkehr ausgehenden ökologischen Belastungen so zu minimieren sind, dass insgesamt die Erneuerungs- und Austauschkapazitäten der Naturhaushalte eingehalten werden. Weiterhin seien die ökonomischen Austauschprozesse zu sichern oder zu verbessern, wobei Verkehr mit dem geringst möglichen Ressourcenverzehr (Rohstoffe und Finanzen) abzuwickeln sei. Insbesondere dürften die Verkehrsausgaben nicht über eine Verschuldung der folgenden Generationen finanziert werden. An dieser Stelle findet eine Erweiterung der Definition von BECKER et al. (1999) um den Gedanken der intergenerationalen Gerechtigkeit statt, d.h. nicht mehr nur der Effizienzgedanke steht im Vordergrund, sondern auch die Hinterlassenschaft an künftige Generationen wird mit einbezogen. Die Ansprüche an einen nachhaltigen Verkehr in der sozialen Dimension sind hingegen analog: Nach den Minimierungsbemühungen verbleibende Belastungen wie Abgase oder Lärm, dürfen einzelne Personen oder Gruppen nicht stärker belasten als Andere. Und weiter: Individuelle Teilnahmechancen am gesellschaftlichen Leben sind ohne soziale Einschränkungen zu gewährleisten.[102]

Im Rahmen einer Studie des Österreichischen Instituts für Nachhaltige Entwicklung haben sich auch KANATSCHNIG und FISCHBACHER im Jahr 2000 mit dem Konzept einer nachhaltigen Verkehrsentwicklung auseinandergesetzt.[103] Auf Basis der Annahme, dass ein nachhaltiger Verkehr sowohl ökologisch, als auch sozial, ökonomisch und international tragfähig sein muss, haben die Autoren zu diesem Zweck unterschiedliche Tragfähigkeitskriterien für eine nachhaltige Verkehrsentwicklung formuliert. Unter dem Aspekt der ökologischen Tragfähigkeit wird dabei gefordert, dass den vom Verkehr ausgehenden Umweltbelastungen entschieden entgegenzuwirken und das Verkehrssystem im Hinblick auf den effizienteren Umgang mit Ressourcen zu verbessern sei. Daneben gelte ein Verkehrssystem als sozial tragfähig und sozial ausgewogen, wenn die

---

[101] Vgl. ILS NRW (Hrsg.) (2005), S. 22f.
[102] Vgl. ebd.

verschiedenen gesellschaftlichen Gruppen uneingeschränkt ihre jeweiligen Mobilitäts-ansprüche erfüllen können, das heißt wenn alle „gleichberechtigt" am Verkehr teilneh-men können. Darüber hinaus seien die Verkehrsbedürfnisse so zu sichern, dass zwischen Menschen, Regionen und Generationen Gerechtigkeit herrsche (inter- und intragenera-tionale Gerechtigkeit). Als sozial tragfähig sei der Verkehr weiter einzustufen, wenn er, über die Schaffung von Gerechtigkeit hinaus, gesundheitliche Schäden und Risiken vermeidet, zu einer hohen Lebensqualität und attraktiven Wohnumgebung beiträgt, sich durch Zuverlässigkeit auszeichnet, sowie die Nutzungsvielfalt des öffentlichen Raumes sichert. Zur ökonomisch effizienten Abwicklung von Verkehr, fordern die Autoren eine Internalisierung der durch den Verkehr verursachten externen Effekte, zum Zwecke einer effizienteren Nutzung von Ressourcen, mit Einsparungen interner als auch externer Kosten als Folge. In einem ökonomisch nachhaltigen Verkehrssystem würden demnach keine Marktverzerrungen durch „falsche" Preise auftreten und auch Güter, für die es zuvor keinen Markt gab, wie bspw. Lebensqualität und Gesundheit, würden darin einen Marktpreis haben. Ein nachhaltiges Verkehrssystem zeichne sich demzufolge durch Kostenwahrheit aus, Kostenverlagerungen auf andere Menschen, andere Länder oder künftige Zeiten werden minimalisiert.

Als vierten Punkt, fordern KANATSCHNIG und FISCHBACHER (2000), dass ein nachhaltiges Verkehrssystem zusätzlich international tragfähig sein müsse. Dahinter steht die Annahme, dass unser Verkehrssystem, wie auch unser Konsumstil im Allge-meinen, weltweit und damit auch in weniger entwickelten Ländern, zum Vorbild genommen werde, was in der Folge zu einer substantiellen Vervielfachung des weltwei-ten Kraftfahrzeugbestandes und deren Nutzung führen würde, die weder ökologisch, noch ökonomisch und sozial tragfähig wäre. Gemäß der Autoren beinhalte eine dauer-hafte und gerechte Lösung dementsprechend eine Angleichung der Ausstattung mit Verkehrsgütern zwischen Industrieländern und „ärmeren" Ländern.

Es ist nicht zu verkennen, dass die aufgeführten Anforderungen an einen nachhaltigen (Personen-)Verkehr große Gemeinsamkeiten aufweisen. Als Grundlage dient ihnen dabei das in Kapitel zwei vorgestellten Konzept der starken Nachhaltigkeit, d.h. es wird von einer gewissen Nicht-Substituierbarkeit von natürlichem Kapital und absoluten Belastungsgrenzen ausgegangen. An dieser Stelle ließen sich noch zahlreiche weitere

---

[103] Vgl. im Folgenden Kanatschnig/Fischbacher (2000), S. 31ff.

Anforderungen an bzw. Definitionen von nachhaltigen Verkehr aufzählen, die sich ebenfalls am Drei-Säulen-Modell orientieren und sich inhaltlich stark ähneln, was den Rahmen dieser Arbeit jedoch übersteigen würde ohne dabei einen deutlichen Mehrwert zu generieren. Allen gemein ist die Erkenntnis, dass der Personenverkehr insgesamt in seiner derzeitigen Form als nicht-nachhaltig bezeichnet werden kann.[104] Die Ursachen dafür sind vielfältig und werden im nachfolgenden Kapitel im Einzelnen detailliert dargestellt.

4.2 Negative Verkehrswirkungen

Um schließlich in Kapitel 4.5 einen Indikatoren zur Bewertung von Verkehrskonzepten im Personenverkehr zu erarbeiten, mit dessen Hilfe deren Beitrag zu einer nachhaltigen Entwicklung untersucht werden kann, bedarf es zunächst einer genaueren Analyse der Probleme des Verkehrs in Deutschland. Im vorliegenden Abschnitt werden dazu die gewichtigsten ökonomischen, ökologischen und sozialen Problembereiche des Verkehrs auf dem Weg zu einer nachhaltigen Entwicklung qualitativ und soweit wie möglich auch quantitativ herausgestellt. Auf Grund der Themenstellung dieser Arbeit, liegt der Fokus dabei auf dem Personenverkehr. Ziel ist es herauszufinden, warum und inwieweit das derzeitige personenbezogene Verkehrssystem in Deutschland als nicht nachhaltig bezeichnet werden kann. Zugleich dient die Analyse auch dazu, Ansatzpunkte für alternative Verkehrskonzepte zu identifizieren, die im Vergleich zum eigenen Pkw mit niedrigeren Belastungen einhergehen, die Mobilitätsbedürfnisse der Individuen jedoch in einem ähnlichen Maße befriedigen bzw. den Anforderungen der Nutzer in einem ähnlichen Maße gerecht werden.

Das bestehende Verkehrssystem macht es uns heute möglich, in kürzester Zeit beinahe jeden Ort in Deutschland und auf der ganzen Welt zu erreichen. Für den Einzelnen bedeuten die bestens ausgebauten Verkehrssysteme ein hohes Maß an individueller Bewegungsfreiheit, volkswirtschaftlich gesehen sind sie Grundlage wachsender nationaler und internationaler Arbeitsteilung und der Tourismusindustrie.[105] Die bereits zuvor beschriebene Verkehrsentwicklung in Deutschland (vgl. Kap. 3.2) ist seit den

---

[104] Vgl. unter anderem Weinreich (2003), S. 5, Kanatschnig/Fischbacher (2000), S. 18.

sechziger Jahren jedoch nicht ohne negative Folgen für Mensch und Umwelt geblieben. Gerade der Verkehrssektor mit der dazugehörigen Infrastruktur ist zu einem bedeutenden Verursacher zahlreicher Umwelt- und Gesundheitsbelastungen geworden.[106] Umfang und Art des Verkehrs haben erheblichen Einfluss auf das Klimagleichgewicht und den Ressourcenverbrauch, sind mitverantwortlich für gesundheitlich relevante toxische und kanzerogene Schadstoffe, die Einträge von Abgasverbindungen in die natürlichen Ökosysteme, die Gefährdung von Pflanzen- und Tierpopulationen durch die Fragmentierung von naturnahen Flächen, den Verkehrslärm, sowie für die Bodenversiegelung.[107]

Im Folgenden werden die gewichtigsten negativen Auswirkungen des Verkehrs in Deutschland detailliert ausgeführt. Der Fokus liegt dabei auf dem Personenverkehr und insbesondere denjenigen Belastungen, die durch die Nutzung der Verkehrsträger entstehen. Andere Bereiche, wie die Herstellung der Infrastruktur und der Fahrzeuge, sowie deren Beseitigung sollen auf Grund des beschränkten Umfangs dieser Arbeit hingegen nicht näher betrachtet werden. Es sei jedoch darauf hingewiesen, dass mit der Erstellung der Verkehrsträger und der Infrastruktur ein hoher Ressourcen- und Energieverbrauch, sowie Abfall- und Entsorgungsprobleme einhergehen.[108]

4.2.1 Ressourcenverbrauch

Der Betrieb unterschiedlicher Verkehrsträger erfordert Energie, die im Verkehrsbereich vornehmlich aus nicht erneuerbaren Ressourcen auf Erdölbasis gewonnen wird[109], was insbesondere im Hinblick auf die Begrenztheit des Rohstoffes Erdöl problematisch ist. Der Endenergieverbrauch des gesamten Verkehrssektors betrug im Jahr 2598 PJ (Petajoule) und damit 30,3 Prozent des gesamten Energieverbrauchs in Deutschland. Der größte Anteil des Energieverbrauchs im Verkehrssektor entfällt mit 91 Prozent auf Kraftstoffe, da diese für den motorisierten Straßenverkehr den dominanten Energieträger darstellen. Im Gegensatz dazu setzt der Schienenverkehr zu mehr als 80 Prozent aller Leistungen elektrischen Strom als Energieträger ein, während Fuß- und Radver-

---

[105] Vgl. Kanatschnig/Fischbacher (2000), S. 18.
[106] Vgl. Steding et al. (Hrsg.) (2004), S. 26.
[107] Vgl. ILS NRW (Hrsg.) (2005), S. 22.
[108] Vgl. Weinreich (2003), S. 78.

kehr auf menschlicher Muskelleistung beruhen. Der größte Teil des Kraftstoffes wird mit rund 82,2 Prozent im Straßenverkehr verbraucht, während der Anteil des Kraftstoffverbrauchs im Luftverkehr bei 14,4 Prozent, bei Bahnen und Binnenschiffen insgesamt bei lediglich 3,3 Prozent liegt.[110]

Daneben zeigt sich am Beispiel der Energiekette des aus Erdöl gewonnenen Ottokraftstoffs die geringe Energieeffizienz des Pkw, die nur zu 15 bis 20 Prozent in Fahrzeugbewegung bzw. nur zu 5 Prozent (Gesamtwirkungsgrad) in Transportleistung umgesetzt wird, wofür das Fahrzeuggewicht maßgeblich verantwortlich ist.[111] Die in den letzten Jahren unternommenen Anstrengungen in die fahrzeugtechnische Weiterentwicklung korrespondieren dabei nur in einem geringen Maße mit dem durchschnittlichen Kraftstoffverbrauch, der auf Grund des Trends zu schwereren und leistungsstärkeren Fahrzeugen nur minimal gesenkt werden konnte[112] (vgl. Abb. 9).

Abb. 9: Kraftstoffverbrauch im Personenverkehr von 1991 bis 2007 auf Basis der Inländerfahrleistung

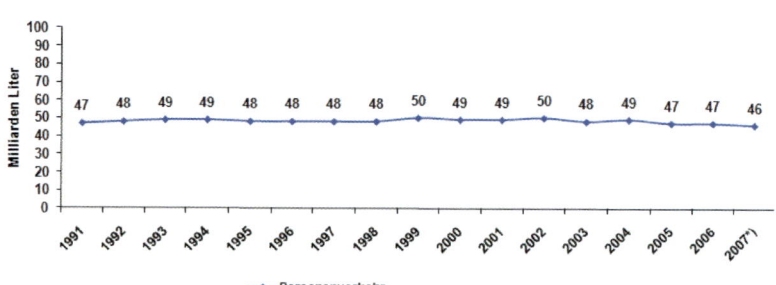

*) Zum Teil vorläufige Werte

Quelle: Eigene Darstellung, in Anlehnung an BMVBS (Hrsg.) (2010): Daten zur Umwelt, abrufbar unter http://www.umweltbundesamt-daten-zur-umwelt.de/umweltdaten/public/theme.do?nodeIdent=2330, Zugriff am 25.10.2010

Im Jahr 2007 lag der Kraftstoffverbrauch im Personenverkehr somit lediglich um 2,2 Prozent niedriger als 1991.

---

[109] Vgl. Steierwald/Künne (2005), S. 142.
[110] Vgl. UBA (Hrsg.) (2009), abrufbar unter http://www.umweltbundesamt-daten-zur-umwelt.de/umweltdaten/public/theme.do?nodeIdent=2330, Zugriff am 25.10.2010
[111] Vgl. Petersen/Diaz-Bone (1998), S. 28f.
[112] Vgl. BMVBW (Hrsg.) (2000), S. 283, UBA (Hrsg.) (2001), S. 96.

4.2.2 Klima

Im engen Zusammenhang mit dem Ressourcenverbrauch stehen die sog. Treibhausgase (THG), welche vorwiegend bei der Verbrennung fossiler Energieträger wie Kohle, Erdöl und Erdgas entstehen.[113] Zusammen mit den Stoffen Methan (CH_4), Distickstoffoxid (N_2O), teilhalogenierte Fluorkohlenwasserstoffe (H-FKW/HFC), perlfluorierte Kohlenwasserstoffe (FKW/PFC) und Schwefelhexafluorid (SF_6), gehört Kohlendioxid (CO_2) gemäß der internationalen Vereinbarungen von Kyoto zu den sechs Treibhausgasen, die als Mitverursacher des Klimawandels gelten.[114] Die Treibhausgase in der Atmosphäre erschweren die Wärmeabstrahlung der Erde in den Weltraum und erzeugen dadurch eine langsame aber stetige Erwärmung der Erdoberfläche, was im allgemeinen Verständnis als Treibhauseffekt bezeichnet wird. Zu unterscheiden sind dabei der atmosphärische und der anthropogene Treibhauseffekt.[115] Während der atmosphärische Treibhauseffekt einen natürlichen Prozess darstellt, handelt es sich beim anthropogenen Treibhauseffekt um einen Prozess, der durch Aktivitäten des Menschen, insbesondere dem Verbrennen fossiler Energieträger, hervorgerufen wird und die Erdatmosphäre, wie auch die Erdoberfläche über ein natürliches Maß hinaus erwärmt. Die Höhe des Anteils des anthropogenen Treibhauseffekts am gesamten Treibhauseffekt ist unter Experten umstritten. Unumstritten sind dagegen die vom anthropogenen Treibhauseffekt ausgehenden Folgen, die sich unter anderem in der Zunahme extremer Wetterereignisse, dem Anstieg des Meeresspiegels und dem Abschmelzen der Polkappen äußern.[116] Etwa ein Fünftel des klimaschädlichen Kohlendioxid(CO_2)-Ausstoßes in Deutschland geht vom Verkehr aus (siehe Abb. 10).

---

[113] Vgl. Statistisches Bundesamt (Hrsg.) (2010b), Kapitel I , Abschnitt 2 (Treibhausgasemissionen).
[114] Vgl. UBA (Hrsg.) (2009), abrufbar unter http://www.umweltbundesamt-daten-zur-umwelt.de/umweltdaten/public/theme.do?nodeIdent=2726, Zugriff am 30.11.2010.
[115] Vgl. Möller (2008), S. 5.
[116] Vgl. ebd.

Abb. 10: CO2-Emissionen in Mio. Tonnen und die Anteile von Verkehr und Straßen- verkehr in Prozent

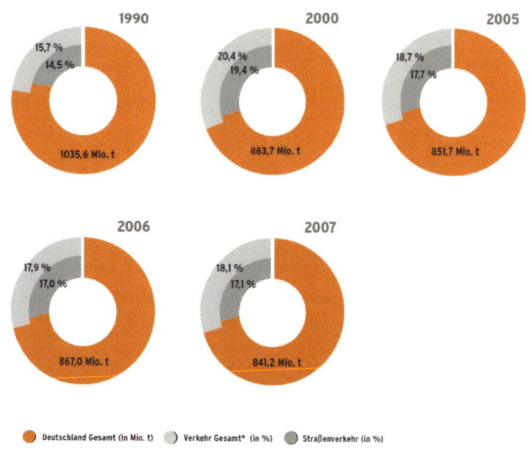

Quelle: UBA (Hrsg.) (2009): Daten zum Verkehr, Ausgabe 2009, Dessau-Roßlau, S. 39

Im Jahr 2007 hat der Verkehr in der Bundesrepublik insgesamt mehr als 152 Mio. t CO2 emittiert, wovon knapp 144 Mio. t auf den Straßenverkehr entfielen (siehe Abb. 11).

Abb. 11: Entwicklung der CO2-Emissionen des Verkehrs in Deutschland

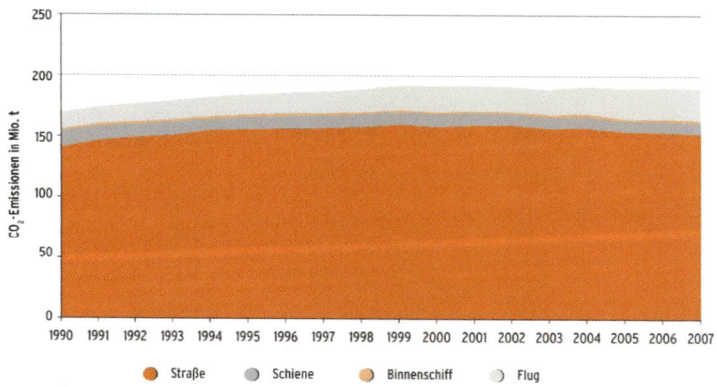

Quelle: UBA (Hrsg.) (2010): CO2-Emissionsminderung im Verkehr in Deutschland. Mögliche Maßnahmen und ihre Minderungspotentiale, Dessau-Roßlau, S. 9

Der Pkw-Verkehr hat einen Anteil von etwa 60 Prozent an den direkten CO2-Emissionen des gesamten Verkehrsbereichs, wodurch dem Pkw eine große Bedeutung bei der Verringerung der CO2-Emissionen beigemessen wird.[117] Im Zeitraum von 1999 bis 2006 haben die CO2-Emissionen des Pkw-Verkehrs um rund 12 Prozent abgenommen, was sich neben des insgesamt geringeren CO2-Ausstoßes der Neufahrzeuge, insbesondere mit gestiegenen Kraftstoffpreisen (Produktpreise, Mineralöl- und Ökosteuer) und konjunkturellen Einflüssen, die dämpfende Effekte auf Fahrleistung und Fahrverhalten haben, erklären lässt. Die Einflüsse überlagen sich dabei jedoch, sodass eine exakte Zurechnung der Einzelfaktoren auf die CO2-Minderung nicht möglich ist.[118] Trotz dieser positiven Entwicklung, stößt der Pkw durchschnittlich noch immer 144g CO2 pro Personenkilometer aus, was im Personenverkehr nur noch vom Flugzeug mit 369g CO2 pro Personenkilometer übertroffen wird. Alle anderen Verkehrsträger im Personenverkehr stoßen hingegen deutlich weniger CO2 pro Personenkilometer aus (siehe Abb. 12).

Abb. 12: CO2-Emissionen unterschiedlicher Verkehrsträger[119]

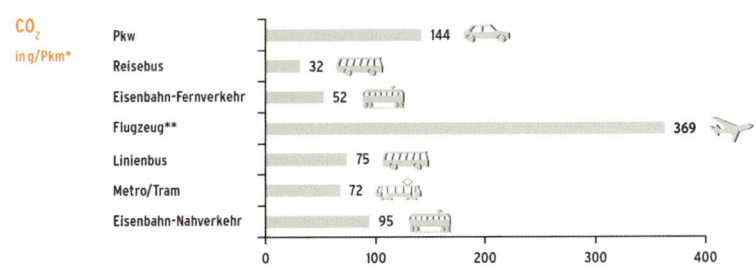

* Gramm pro Personenkilometer
** Unter Berücksichtigung aller klimawirksamen Effekte des Flugverkehrs

Quelle: UBA (Hrsg.) (2009): Daten zum Verkehr, Ausgabe 2009, Dessau-Roßlau, S. 31

Folglich trägt der Verkehr insgesamt und insbesondere der Flug- und Pkw-Verkehr im Bereich des Personenverkehrs in Deutschland einen nicht unerheblichen Teil zum

---

[117] Vgl. BMU (2007), abrufbar unter
http://www.bmu.de/verkehr/herausforderung_verkehr_umwelt/doc/40764.php, Zugriff am 30.11.2010.
[118] Vgl. ebd.
[119] Dabei wird von folgenden Auslastungsgraden ausgegangen: Pkw: 1,5 Personen/Pkw, Reisebus: 60%, Eisenbahn (Fernverkehr): 44%, Flugzeug: 73%, Linienbus: 21%, Metro/Tram: 21%; indirekte Emissio-

Klimawandel bei, was insbesondere im Hinblick auf die zuvor angesprochene Verkehrsprognose des BMVBS, die von einem anhaltenden Dominanz des Pkw-Individualverkehrs und steigenden Wachstumsraten im Luftverkehr ausgeht[120], starke Auswirkungen auf das Klimagleichgewicht haben könnte.

4.2.3 Schadstoffemissionen

Neben dem klimaschädlichen CO2, emittiert der Verkehr noch weitere Luftschadstoffe, die sich negativ auf die Umwelt und die Gesundheit von Mensch und Tier auswirken. Die wichtigste Rolle im Verkehrsbereich nehmen dabei, neben einer Reihe anderer schädlichen Substanzen, Stickstoffoxide (NOx), flüchtige Kohlenwasserstoffe ohne Methan (NMVOC), Schwefeldioxid (SO2) und Partikel (Staub) ein.[121] Während einige der Luftschadstoffe beim Menschen als krebserregend gelten (bspw. Dieselrußpartikel), stehen Schwefeldioxid und Stickstoffoxide in unmittelbarem Zusammenhang mit der Versauerung des Regens und damit einhergehenden Schäden an Natur und Landschaft.[122]

Abb. 13: Emissionen von Ozonvorläufersubstanzen aus dem Verkehr

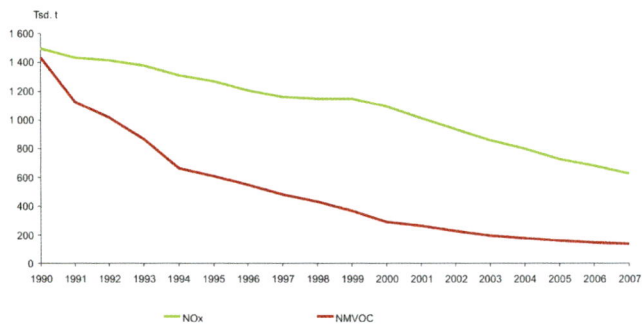

Quelle: UBA (Hrsg.) (2008): Nationale Trendtabellen für die deutsche Berichterstattung atmosphärischer Emissionen 1990-2007", abrufbar unter www.umweltbundesamt.de/emissionen/publikationen.htm, Zugriff am 30.11.2010

---

nen, die bei der Erzeugung der Energieträger (Kerosin, Strom, Benzin, Diesel) sind bereits berücksichtigt, d.h. die Vorkette wurde mit einbezogen.
[120] Vgl. BVU/ITP (Hrsg.) (2007), S. 3f.
[121] Vgl. SRU (Hrsg.) (2005), S. 41.
[122] Vgl. Willimann/Egli-Broz (2003), S. 70.

Hinsichtlich der NMVOC- und NOx –Emissionen des Verkehrs ist ein deutlich positiver Trend in Form eines starken Rückgangs dieser Luftschadstoffe seit 1990 zu erkennen (siehe Abbildung 13). Der größte Anteil dieser beiden Luftschadstoffe ist jedoch weiterhin auf den Straßenverkehr zurückzuführen: Im Jahr 2007 war der Straßenverkehr innerhalb des Gesamtverkehrs für 94 Prozent der NMVOC-Emissionen und 90 Prozent der NOx-Emissionen verantwortlich, während der Anteil des Schienenverkehrs an den Schadstoffen nur sehr gering war.[123] Ein ähnlich positiver Trend ist auch im Bereich der Schwefeldioxid- und Staubemissionen zu erkennen. Die verkehrsbedingten Schwefeldioxid-Emissionen sind im Zeitraum von 1990 bis 2007 von 106 kt auf 2 kt gesunken, während die Staub-Emissionen im selben Zeitraum von 72 kt auf 52 kt zurückgegangen sind.[124]

Die nachfolgende Abbildung zeigt die verbleibenden, derzeitigen NOx- und Partikel-Emissionen der einzelnen Verkehrsträger im Personenverkehr.

---

[123] Vgl. UBA (Hrsg.) (2009), abrufbar unter http://www.umweltbundesamt-daten-zur-um-welt.de/umweltdaten/public/theme.do;jsessionid=08CF00285896793D549711AF5C776645?nodeldent=3 57, Zugriff am 25.10.2010.
[124] Vgl. UBA (Hrsg.) (2009): Nationale Trendtabellen für die deutsche Berichterstattung atmosphärischer Emissionen 1990-2007, Endstand 20.02.2009, abrufbar unter www.umweltbundesamt.de/emissionen/publikationen.htm, Zugriff am 25.10.2010.

Abb. 14: NOx- und Partikel-Emissionen der einzelnen Verkehrsträger im Personenverkehr[125]

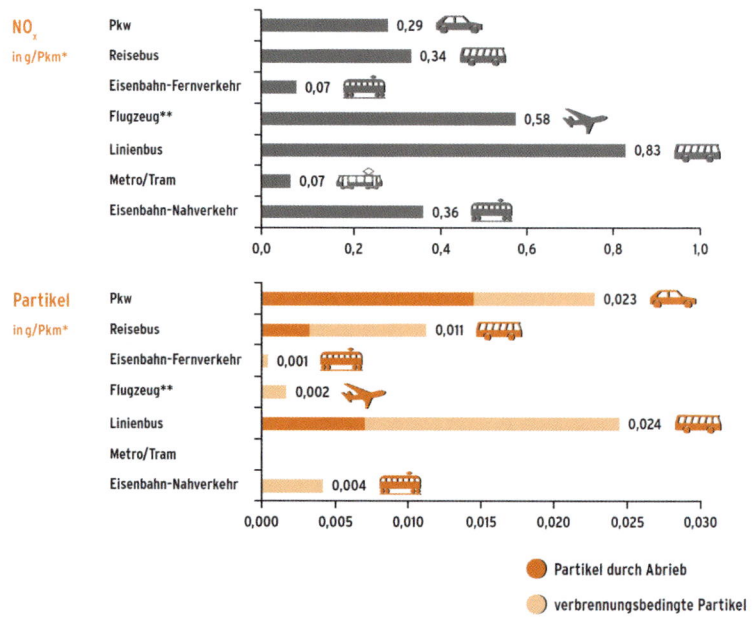

* Gramm pro Personenkilometer
** Unter Berücksichtigung aller klimawirksamen Effekte des Flugverkehrs

Quelle: UBA (Hrsg.) (2009): Daten zum Verkehr, Ausgabe 2009, Dessau-Roßlau, S. 31

Es zeigt sich, dass der größte Emittent sowohl der NOx-Emissionen, als auch der Partikel-Emissionen im Personenverkehr, der Linienbus darstellt (0,83g/Pkm bzw. 0,024g/Pkm). Im Bereich der NOx-Emissionen folgen das Flugzeug mit 0,58g/Pkm und der Eisenbahn-Nahverkehr mit 0,36 g/Pkm an zweiter bzw. dritter Stelle. Erst an fünfter Stelle steht der Pkw, noch nach dem Reisebus (0,34g/Pkm) mit 0,29 g/Pkm. Im Bereich der Partikel-Emissionen hingegen, emittiert der Pkw mit 0,023g/Pkm nur unwesentlich weniger als der Linienbus. Es folgen der Reisebus an zweiter Stelle (0,011g/Pkm) und der Eisenbahn-Nahverkehr an dritter Stelle (0,004g/Pkm). Insgesamt betrachtet, spielt der Schienenverkehr nur eine untergeordnete Rolle bei der Emission von Stickstoffoxi-

---

[125] Dabei wird von folgenden Auslastungsgraden ausgegangen: Pkw: 1,5 Personen/Pkw, Reisebus: 60%, Eisenbahn (Fernverkehr): 44%, Flugzeug: 73%, Linienbus: 21%, Metro/Tram: 21%; indirekte Emissio-

48

den und Partikeln. Letztgenannte entstehen dabei in erster Linie durch Abrieb von Rad, Schiene, Bremse, Oberleitung und Stromabnehmer.[126]

4.2.4 Natur und Landschaft

Neben der Gefahr des sauren Regens, ist der Verkehr Mitverursacher weiterer Belastungen an Natur und Landschaft, so können bspw. der Einsatz von Streusalz im Winter, Kraft- und Schmierstoffverluste beim Betrieb von Kraftfahrzeugen und der Pestizideinsatz zur Bekämpfung von Unkraut auf den Bahngleisanlagen im Bereich des Schienenverkehrs, zu einer nicht unerheblichen Boden- und Gewässerbelastung führen.[127] Eine weitere negative Auswirkung des Verkehrs liegt in der Landschaftszerschneidung. Der Begriff Landschaftszerschneidung lässt sich in einer relativ weiten Definition als ein Zerreißen von gewachsenen ökologischen Zusammenhängen in räumlich getrennte Bereiche der Landschaft definieren.[128] Die Zerschneidung und Fragmentierung der Landschaft, als auch der Gewässersysteme gilt dabei als wesentliche Ursache für den Rückgang von Tier- und Pflanzenarten und führt zu einer Gefährdung der Artenvielfalt (Biodiversität).[129] In Landschaften, die durch Verkehrswege zerschnitten sind, werden die Erholungsmöglichkeiten der Bevölkerung durch Einschränkungen des ungestörten Landschaftserlebens verringert und die Lebensqualität damit eingeschränkt.[130] Anhang B gibt einen beispielhaften Überblick möglicher Auswirkungen der Landschaftszerschneidung.

Mit der Landschaftszerschneidung geht der Landschaftsverbrauch des Verkehrs einher. Nach den Begriffsbestimmungen der Flächenerhebung des Statistischen Bundesamtes zählen zu den Verkehrsflächen dabei alle Flächen für Straßen-, Schiffs- und Luftverkehr (einschließlich Trenn- und Seitenstreifen, Brücken, Böschungen, Rad- und Gehwege), sowie Plätze für Fahrzeuge, Märkte und Veranstaltungen.[131] Insbesondere die Versiegelung der Flächen ist in diesem Zusammenhang als problematisch anzusehen. Sie führt

---

nen, die bei der Erzeugung der Energieträger (Kerosin, Strom, Benzin, Diesel) sind bereits berücksichtigt, d.h. die Vorkette wurde mit einbezogen.
[126] Vgl. UBA (Hrsg.) (2009a), S. 31.
[127] Vgl. Bickel/Friedrich (1995), S. 81.
[128] Vgl. PLANCO Consulting GmbH/Bundesanstalt für Gewässerkunde (Hrsg.) (2007), S. 23.
[129] Vgl. Bickel/Friedrich (1995), S. 92f.
[130] Vgl. PLANCO Consulting GmbH/Bundesanstalt für Gewässerkunde (Hrsg.) (2007), S. 23.
[131] Vgl. Voigt (1993), S. 309.

dazu, dass die Funktionen (Abflussminderung, Grundwasserneubildung, Filter- und Pufferfunktion der Böden, klimatische Ausgleichsfunktion etc.) dieser Flächen für den Naturhaushalt in der Regel vollständig verloren gehen. Aber auch die nicht versiegelten Flächen entlang von Verkehrsstraßen und im Siedlungsbereich, sowie benachbarte Flächen werden bspw. durch Verlärmung und Zerstörung des Landschaftsbildes in Mitleidenschaft gezogen.[132]

Neben den direkten und indirekten Umweltfolgen - wie Bodenversiegelung, Verkehrs-erzeugung mit Lärm, Abgasen und erhöhtem Energieverbrauch mit klimaschädlichen CO_2-Emissionen - hat die stetige Flächeninanspruchnahme auch sozial und ökonomisch bedenkliche Konsequenzen. Zum einen geht das Wachstum der Siedlungsflächen oftmals mit sozialer Entmischung und der Entstehung von Problemquartieren in den Städten einher und zum anderen signalisiert die Abwanderungstendenz vieler Haushalte aus den Städten, dass die Wohnfeldqualität, insbesondere für Haushalte mit Kindern, große Defizite ausweist.[133] Ökonomisch betrachtet werden mit dem Ausbau der Sied-lungs- und Verkehrsfläche in Deutschland sowohl die private Wirtschaft, als auch die öffentlichen und privaten Haushalte mit ständig wachsenden Fixkosten für die Instand-haltung und den Betrieb der Infrastruktur belastet.[134]

Die nachfolgende Abbildung veranschaulicht die Entwicklung der Flächeninanspruch-nahme in der Bundesrepublik mit Hilfe einiger Zahlen.

---

[132] Vgl. BFN (Hrsg.) (2008), S. 5.
[133] Vgl. UBA (Hrsg.) (2010), abrufbar unter http://www.umweltbundesamt.de/rup/flaechen/grund.htm, Zugriff am 28.10.2010.
[134] UBA (Hrsg.) (2003), S. 4.

Abb. 15: Anstieg der Siedlungs- und Verkehrsfläche in Hektar pro Tag

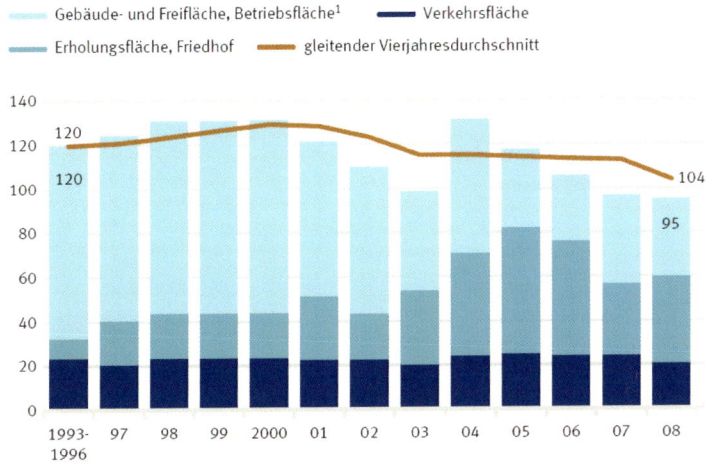

    Gebäude- und Freifläche, Betriebsfläche¹   Verkehrsfläche
    Erholungsfläche, Friedhof   gleitender Vierjahresdurchschnitt

¹ Ohne Abbauland

Quelle: STATISTISCHES BUNDESAMT (2010): Umweltökonomische Gesamtrechnungen, Wiesbaden, Abschnitt 4 „Flächeninanspruchnahme"

Im Jahr 2008 wurden pro Tag etwa 95 Hektar pro Tag als Siedlungs- und Verkehrsfläche ausgewiesen. Von 1992 bis 2008 erhöhte sich so die Siedlungs- und Verkehrsfläche
von ca. 40000 km² auf knapp 47000 km² und teilte sich im Jahr 2008 in 52 Prozent
Gebäude- und zugehörige Freiflächen, 38 Prozent Verkehrsfläche und 7,8 Prozent
Erholungsfläche.[135] Insgesamt nimmt die Verkehrsfläche in Deutschland derzeit in etwa
5 Prozent der Gesamtfläche der Bundesrepublik ein. Unterschiede zeigen sich dabei
insbesondere zwischen Stadtstaaten und Flächenländern. Während die Verkehrsfläche in
Hamburg, Bremen und Berlin einen Anteil von 12 Prozent bzw. 15 Prozent ausmacht,
liegt der Anteil in Nordrhein-Westfalen und Hessen „nur" bei jeweils 7 Prozent. Die
geringsten Verkehrsflächenanteile finden sich jedoch im Nordosten der Bundesrepublik:
In Brandenburg wurden 4 Prozent der Fläche für Verkehrszwecke genutzt, in Mecklen-
burg-Vorpommern lag der Anteil bei 3 Prozent.[136]

Von allen Verkehrsträgern im Personenverkehr hat der Pkw im Stadtverkehr pro
beförderter Person mit 100 m² dabei den höchsten Flächenbedarf. Im Vergleich dazu

---

[135] Vgl. Statistisches Bundesamt (Hrsg.) (2006), S. 21.
[136] Vgl. Statistisches Bundesamt (Hrsg.) (2006), S. 21.

benötigen die öffentlichen Verkehrsmittel Bus und Straßenbahn mit 20 m² bzw. 10 m² gerade einmal ein Fünftel bzw. ein Zehntel der Fläche pro beförderter Person, weshalb jeder Umsteiger von Fahrrad oder Straßenbahn auf einen Pkw seinen Verkehrsflächenbedarf bei gleicher Wegelänge im Durchschnitt verzehnfacht.[137]

4.2.5 Lärmemissionen

Neben der beschränkten Erholungsmöglichkeiten durch die Flächeninanspruchnahme und die Zerschneidungseffekte des Verkehrs, entsteht eine weitere gravierende Belastung durch den Verkehrslärm. Unter dem Begriff „Lärm" werden im Allgemeinen Geräuschbelastungen verstanden, die beeinträchtigende Wirkungen auf den Menschen haben.[138] Während „Lärm" ein subjektiver Begriff ist, dessen Bewertung vom von den jeweils Betroffenen abhängt und nicht messbar ist, können Geräusche hingegen als Schalldruckpegel in Dezibel (db(A)) erfasst werden.[139] Nach Berechnungen des Umweltbundesamtes wird knapp die Hälfte der Bevölkerung mit durch den Straßenverkehr verursachtem Lärm konfrontiert, bei denen mit Beeinträchtigungen des physischen und psychischen Wohlbefindens zu rechnen ist (ab 55db(A)) und ein Fünftel der Bevölkerung ist von Schienenverkehrslärm betroffen.[140] Damit stellt der Straßenverkehrslärm in der Bundesrepublik die stärkste Quelle für Lärmbelastungen dar.[141] Die folgende Grafik zeigt in der Zeitspanne von 2000 bis 2008 den Anteil der Bevölkerung, der angibt von Lärm belästigt zu werden.

---

[137] Vgl. Apel et al. (1995), S. 47, VCD (Hrsg.) (2001), S. 17.
[138] Vgl. Voigt (1993), S. 307.
[139] Vgl. ebd.
[140] Vgl. Statistisches Bundesamt (Hrsg.) (2006), S. 59.
[141] Vgl. BMU (Hrsg.) (2008), abrufbar unter
http://www.bmu.de/laermschutz/themenbereiche/verkehrslaerm/doc/41271.php, Zugriff am 11.10.2010.

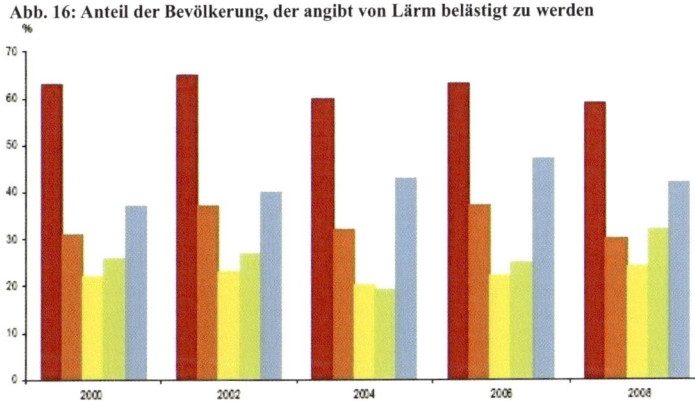

Quelle: UBA (Hrsg.) (2009): Daten zur Umwelt, abrufbar unter
http://www.umweltbundesamt-daten-zur-
umwelt.de/umweltdaten/public/theme.do?nodeIdent=2892, Zugriff am 07.12.2010

Es wird deutlich, dass der Anteil der Menschen, die sich vom Straßenverkehrslärm belästigt fühlen, relativ konstant um die 60 Prozent schwankt und bestätigt gleichzeitig die Aussage, dass der Straßenverkehrslärm in Deutschland die Lärmquelle Nummer eins ist. Auch im Bereich des Schienenverkehrs deckt sich die Aussage der Befragung mit den Daten des Statistischen Bundesamtes; ca. 20 Prozent der Bevölkerung in Deutschland geben an von Schienenverkehrslärm belästigt zu werden. Dagegen schwankt die Anzahl derer, die sich vom Flugverkehrslärm belästigt fühlen im betrachteten Zeitraum (2000 bis 2008) zwischen 30 und 35 Prozent.

Die gesundheitlichen Folgen von Verkehrslärm sind gravierend. Neben einer Verminderung der Lern- und Konzentrationsfähigkeit und Schlafstörungen, können auch organische Folgewirkungen auftreten. Lärm begünstigt Kopfschmerzen, Schwerhörigkeit und Herz-Kreislauf-Erkrankungen und kann letztlich auch Ursache für Herzinfarkte sein.[142] Darüber hinaus sind auch soziale Auswirkungen zu beobachten: Da insbesondere Personen mit geringerem Einkommen in Gebieten mit starkem Verkehrslärm leben, haben diese Personengruppen auf Grund ihrer Wohnsituation oftmals überdurchschnittliche Erholungsdefizite und damit ungünstige Voraussetzungen um eine adäquate

---

[142] Vgl. SRU (Hrsg.) (2005), S. 44ff, Weinreich (2003), S. 72.

Leistung am Arbeitsplatz zu erbringen, die über ihr berufliches Fortkommen entscheidet.[143]

4.2.6 Verkehrsunfälle

Eine weitere negative Folge des Verkehrs ist die hohe Zahl an Verkehrsopfern, die jährlich verletzt oder gar getötet werden. So starben 2006 in Deutschland im Luftverkehr allein 39 Passagiere und Besatzungsmitglieder, während im Eisenbahnverkehr im selben Jahr 186 Personen ums Leben kamen.[144] Die meisten Unfälle ereignen sich jedoch im Straßenverkehr und werden im Rahmen der Straßenverkehrsunfallstatistik in ihrer jetzigen Form seit 1953 erfasst. Rückblickend lässt sich dabei festhalten, dass die Zahl der im Straßenverkehr Getöteten im Jahr 1970 mit 21332 Todesopfern ihren bisherigen Höchststand erreicht hatte. Mit Hilfe verschiedener politischer Maßnahmen (bspw. Promillegrenzen, Helmtrage- und Gurtanlegepflicht) und Innovationen im Bereich der Sicherheitstechnik (bspw. ABS, Airbag) ist es trotz steigender Motorisierung seither gelungen, eine Abnahme der Verletzten- und Getötetenzahl im Straßenverkehr zu erreichen[145] (vgl. Abb. 17).

Abb. 17: Verunglückte, Getötete und Bestand motorisierter Fahrzeuge, 1970 = 100

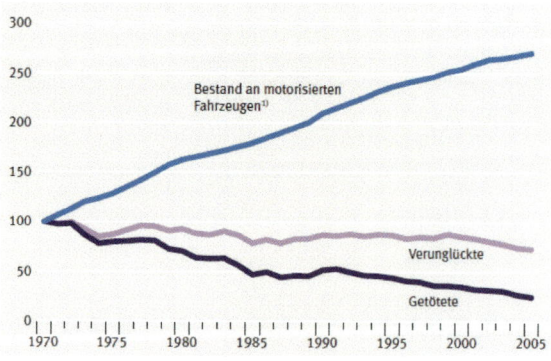

[1] Quelle: Kraftfahrtbundesamt, Flensburg;1991 und 1992 Schätzungen des statistischen Bundesamtes
Quelle: STATISTISCHES BUNDESAMT (Hrsg.) (2006): Verkehr in Deutschland 2006, Wiesbaden, S. 49

---

[143] Vgl. Steierwald/Künne (2005), S. 167.
[144] Vgl. Statistisches Bundesamt (Hrsg.) (2008), S. 321.
[145] Vgl. Statistisches Bundesamt (Hrsg.) (2006), S. 48f.

Nichtsdestotrotz stellt der Straßenverkehr auch heute noch eine wesentliche Gefahren-quelle für alle Verkehrsteilnehmer dar. Im Jahr 2009 haben sich insgesamt über 2,3 Mio. polizeilich erfasste Unfälle im Straßenverkehr ereignet, bei denen 4152 Personen getötet und knapp 400000 verletzt wurden. Da der am meisten genutzte Verkehrsträger im Personenverkehr der Pkw darstellt, scheint es logisch, dass die mit Abstand am häufigs-ten von Verkehrsunfällen betroffenen die Insassen von Personenkraftwagen sind (2009: 221398 Verletzte, 2110 Getötete), gefolgt von Motorradfahrer/innen und Beifah-rer/innen (2009: 29720 Verletzte, 650 Getötete) und Fahrradfahrer/innen (2009: 75335 Verletzte, 462 Getötete).[146] Die Ursachen für das Zustandekommen von Straßenver-kehrsunfällen sind vielfältig. Als Hauptunfallursache gilt seit Jahren das Fehlverhalten der Fahrer, wie bspw. die „nicht angepasste Geschwindigkeit". Insbesondere bei schweren Unfällen spielt jedoch auch „Alkoholeinfluss" eine bedeutende Rolle.[147]

4.2.7 Volkswirtschaftliche Kosten des Verkehrs

Letztlich verursachen Staus, Luftverschmutzung, Unfälle oder Lärm auch volkswirt-schaftliche Kosten, die ein Vielfaches der Wegekosten betragen.[148] In der Regel werden diese Kosten jedoch nicht vom Verkehrsteilnehmer selbst, sondern von Dritten oder der Allgemeinheit getragen, weshalb man in diesem Zusammenhang von externen Kosten des Verkehrs spricht. Explizit bedeutet dies, dass die Belastungen im Kosten-Nutzen-Kalkül des Verursachers, in diesem Fall der Fahrerin oder dem Fahrer eines Kraftfahr-zeugs, nicht in adäquater Weise enthalten sind und in den Kostenrechnungen privater Wirtschaftssubjekte nicht auftauchen.[149] Externe Effekte haben zur Folge, dass die Verkehrsentscheidungen Einzelner nicht mehr zu einem für die gesamte Gesellschaft wünschenswerten Ergebnis führen.[150] Erst durch korrigierende Eingriffe des Staates in Form von Steuererhebungen, Abgaben und ordnungspolitischen Maßnahmen, können Teile der durch negative externe Effekte entstehenden Schäden den Verursachern zumindest teilweise angelastet und so in private Kosten umgewandelt werden. Insge-samt beliefen sich die externen Kosten des Verkehrs in Deutschland im Jahr 2005 auf

---

[146] Zahlen aus: Statistisches Bundesamt (Hrsg.) (2010a), S. 439f.
[147] Vgl. Statistisches Bundesamt (Hrsg.) (2010c), S. 31.
[148] Vgl. Topp/Rothengatter (1992), S. 63f.
[149] Vgl. Voigt (1993), S. 310.
[150] Vgl. Europäische Kommission (Hrsg.) (1995), S. 6.

80,4 Mrd. EUR, wobei etwa 96 Prozent der Kosten im Straßenverkehr anfielen (siehe Tab. 2).

Tab 2: Externe Umwelt- und Unfallkosten des Verkehrs in Deutschland nach Kosten-kategorie und Verkehrsträger in Mio. EUR/Jahr

	Summe	Anteil (%)	Straßenverkehr		Schienenverkehr		Luftverkehr		Binnen-schiff-fahrt
			PV*	GV**	PV*	GV**	PV*	GV**	GV**
Unfälle	41.766	52,0	38.756	2.927	69	5	7	1	n.a.
Lärm	9.693	12,1	4.726	4.014	513	315	121	4	0
Luftverschmutzung	7.694	9,6	3.740	3.324	196	182	16	1	235
Klimakosten	11.229	14,0	7.688	3.050	59	41	245	8	138
Natur und Landschaft	3.173	3,9	2.207	835	29	8	57	2	36
Vor- und nachgelagerte Prozesse	5.445	6,8	3.222	1.352	503	289	45	1	31
Zusatzkosten in städtischen Räumen	1.389	1,7	854	250	222	64	0	0	0
Summe	80.390	100	61.193	15.753	1.592	904	492	16	440
Anteil (%)	100		76,1	19,6	2,0	1,1	0,6	0,0	0,5

* PV = Personenverkehr
** GV = Güterverkehr

Quelle: INFRAS (Hrsg.) (2007): Externe Kosten des Verkehrs in Deutschland, Zürich, S. 6

Als größter Kostenverursacher im Personenverkehr zeigt sich 2005 der Straßenverkehr mit externen Kosten in Höhe von 61,2 Mrd. EUR/Jahr, was einen Anteil von 76,1 Prozent an den gesamten externen Kosten des Verkehrs (Personen- und Güterverkehr) ausmacht. Der personenbezogene Schienen- und Luftverkehr trägt hingegen mit knapp 1,6 Mrd. EUR/Jahr (2 Prozent) bzw. 0,5 Mrd. EUR/Jahr (0,6 Prozent) vergleichsweise wenig zu den Gesamtkosten bei.

Besonders auffällig sind in diesem Zusammenhang die externen Kosten, die durch den Pkw verursacht werden. Dieser machte mit rund 53 Mrd. EUR/Jahr allein schon 66 Prozent an den gesamten externen Kosten des Verkehrs (Personen- und Güterverkehr) im Jahr 2005 aus[151], gefolgt von den Krafträdern (7,1 Mrd. EUR/Jahr) und Bussen (1,1 Mrd. EUR/Jahr).

Mit knapp 40 Mrd. EUR/Jahr, stellen die Unfallkosten insgesamt den größten unge-deckten Kostenblock im Personenverkehr dar. Es folgen die Kosten der Klimaerwär-mung mit 8 Mrd. EUR/Jahr, die Lärmkosten mit 5,4 Mrd. EUR/Jahr, sowie die Kosten

---

[151] Vgl. INFRAS (Hrsg.) (2007), S. 6.

der Luftverschmutzung mit knapp 4 Mrd. EUR/Jahr.[152] Bei allen Kostenarten ist der Straßenverkehr der jeweils größte Kostenverursacher, wobei dem Pkw bei einem Blick auf Abbildung 18 dabei die mit Abstand größte Bedeutung beizumessen ist. Vergleicht man die externen Kosten einer Pkw-Fahrt mit einer Bus- bzw. Bahnfahrt, so belaufen diese sich auf das Dreifache bzw. 4,5fache (für eine Person über eine bestimmte Entfernung).[153]

Die nachfolgende Grafik veranschaulicht die Zusammensetzung der externen Kosten des Verkehrs in Deutschland noch einmal.

Abb. 18: Externe Kosten des Verkehrs in Deutschland 2005 in Mio. EUR

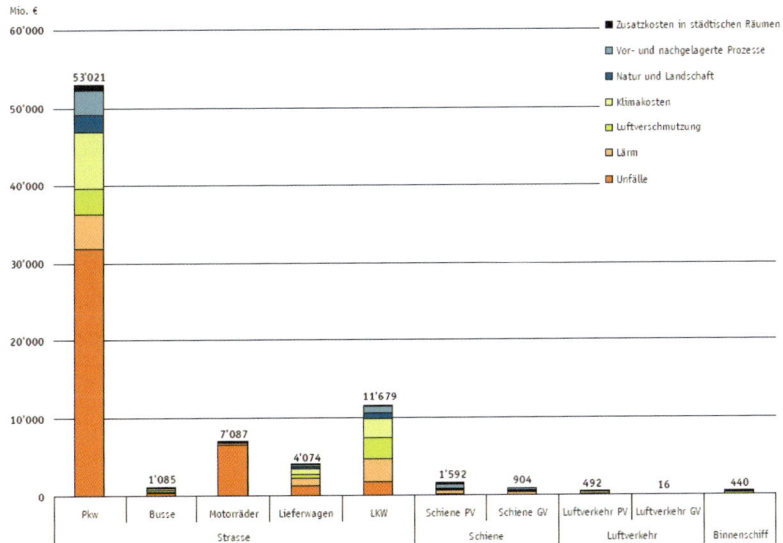

Quelle: INFRAS (Hrsg.) (2007): Externe Kosten des Verkehrs in Deutschland, Zürich, S. 6

---

[152] Vgl. ebd.
[153] Vgl. Steding et al. (2004), S. 14.

4.3 Personenverkehr in Deutschland und Nachhaltigkeit

In den vorangegangenen sieben Unterkapiteln wurden die gewichtigsten Problembereiche des Verkehrs detailliert untersucht. Dabei wird deutlich, dass der Personenverkehr einen nicht unerheblichen Anteil an den negativen Verkehrsauswirkungen ausmacht und diese sowohl die ökologische und ökonomische, als auch die soziale Dimension einer nachhaltigen Entwicklung betreffen (siehe Tab 3).

Tab. 3: Übersicht der ökologischen, ökonomischen und sozialen Problembereiche des Verkehrs mit den wichtigsten Elementen

Negative *ökologische* Wirkungen des Verkehrs	
Hoher Ressourcen- und Energieverbrauch	• Flächenverbrauch durch Verkehrsinfrastruktur • Verbrauch fossiler Energieträger beim Fahrzeugbetrieb • Rohstoffe • Abfall- und Entsorgungsprobleme • Hohe Energieintensität bei Fahrzeugproduktion und Straßenbau
Schädliche Emissionen	• Klimagase (CO2, CH4, N2O, SF6, FKW / PFC, H-FKW / HFC) • Atmosphärische Verschmutzungen durch Staub, NMVOC, SO2, NOx
Negative Auswirkungen auf Natur und Landschaft	• Zerschneidung der Lebensräume von Tieren und Pflanzen • Boden- und Gewässerbelastungen durch Salz und Betriebsstoffe • Bodenversiegelung • Veränderungen im Kleinklima
Negative *ökonomische* Wirkungen des Verkehrs	
Hohe volkswirtschaftliche Kosten	• Instandhaltung der Verkehrsinfrastruktur • Verwaltungskosten • Unfallkosten • Lärmkosten • Kosten der Luftverschmutzung • Klimakosten • Kosten an Natur und Landschaft • Flächenverbrauchskosten (Verkehrsfläche, Parkplätze) • Kosten vor- und nachgelagerter Prozesse
Preissteigerungen	• Überwälzung der Staukosten auf den Endverbraucher
Regionale Effekte	• Arbeitsplatzverluste durch Betriebsstandortauslagerungen (Konzentrationstendenzen)
Negative *soziale* Wirkungen des Verkehrs	
Gesundheitliche Risiken und Schäden	• Belastungen durch Schadstoff- und Lärmemissionen • Stressbelastungen im Straßenverkehr durch die hohe Pkw-Dichte • Unfallgefahr • Hohe Zahl an Getöteten und Verletzten im Verkehr • Psychische und ökonomische Belastung von Unfallopfern und Angehörigen
Beeinträchtigung der Lebensqualität	• Unattraktive Wohnumgebung • Fehlende Grün- und Erholungsflächen durch Zweckentfremdung des öffentlichen Raumes als „Kraftfahrzeugareal" • Schlechte Wohnqualität z.B. durch Lärmbelastungen • Soziale Entmischung
Mobilitätseinschränkungen	• Verlust an selbstständiger Mobilität (bspw. bei Kindern und Senioren) • Erhöhung der Reisezeit für nicht-motorisierte Verkehrsteilnehmer

Quelle: Eigene Darstellung, in Anlehnung an Weinreich (2003), S. 78

Oftmals können die Problembereiche dabei mehreren Dimensionen zugeordnet werden. So sind Unfälle, Lärm, Flächeninanspruchnahme und Luftverschmutzung sowohl aus ökologischer, als auch aus gesellschaftlich sozialer Sicht von Bedeutung und spiegeln sich in den Begriffen Sicherheit, Lebensqualität, Gesundheit, Zugang und Gerechtigkeit wieder.[154] Zusammenfassend lässt sich feststellen, dass der Personenverkehr mit einer Dominanz des Personenkraftwagens in Deutschland in seiner derzeitigen Ausgestaltung auf Grund der vielfältigen ökologischen, ökonomischen und sozialen Belastungen, nicht mit den Anforderungen an einen nachhaltigen Verkehr im Einklang steht (vgl. Kap. 4.1). Sowohl der übermäßige Ressourcenverzehr an fossilen Energieträgern zum Betrieb der Verkehrsträger, als auch der Klimawandel, zu dem der personenbezogene Verkehr einen nicht unerheblichen Teil beiträgt, stehen der Forderung nach intergenerationaler Gerechtigkeit im Rahmen einer nachhaltigen Entwicklung entgegen. Die Forderung nach Zugang bzw. individuellen Teilnahmechancen am Verkehr kann in der Bundesrepublik aufgrund der infrastrukturellen Erschlossenheit des Landes und der rechtlich fixierten Nichtdiskriminierung hingegen als wenig problematisch eingeschätzt werden.[155] Allerdings hat die Verkehrsstruktur bzw. Verkehrsordnung in Deutschland, mit einer Dominanz des motorisierten Individualverkehrs im Personenverkehr zur Folge, dass bestimmte Personen oder Personengruppen, wie bspw. Kinder und Senioren, die eine geringe Mobilität und einen geringen Aktionsraum haben,[156] zunehmend erschwert am Verkehr teilnehmen können und deren Mobilitätschancen dadurch geschmälert werden. Dies spiegelt sich auch in den Unfallstatistiken wieder. So zeigen die Unfallzahlen im aktuellen Statistischen Jahrbuch, dass insbesondere Personen über 65 Jahre als Fußgänger/innen und Fahrradfahrer/innen übermäßig oft im Straßenverkehr verunglücken. Insbesondere im Bereich der Fußgänger gilt gleiches für Kinder unter 15 Jahren.[157] Weiterhin fordert die soziale Dimension einer nachhaltigen Verkehrsentwicklung, dass bestimmte Personen oder Personengruppen durch Belastungen (z.B. Abgase oder Lärm) nicht stärker belastet werden dürfen als Andere. Tatsächlich zeigt die Realität aber ein anderes Bild.

---

[154] Vgl. Weinreich (2003), S. 77.
[155] Vgl. Weinreich (2003), S. 79.
[156] Vgl. SRU (Hrsg.) (2005), S. 65.
[157] Vgl. Statistisches Bundesamt (Hrsg.) (2010a), S. 439.

Sozial schwache Haushalte sind häufiger und stärker von Umweltbelastungen betroffen als besser gestellte Haushalte. Nach verschiedenen Untersuchungen ist eine starke oder sehr starke Beeinträchtigung durch Luftverschmutzung und Lärm mit niedrigem Einkommen, Arbeitslosigkeit und nicht-deutscher Nationalität assoziiert. Umgekehrt sind höhere Einkommensgruppen in der Regel weniger stark Umweltbelastungen ausgesetzt.[158] Letztlich führt dies zu einer vermehrten Belastung einkommensschwächerer Personengruppen, was sich nicht mit der Forderung vereinbaren lässt, dass einzelne Gruppen oder Personen nicht stärker belastet werden dürfen, als andere. Im Bereich der ökonomischen Dimension einer nachhaltigen Verkehrsentwicklung spielt der Preis der Verkehrsleistungen eine herausragende Rolle, wobei insgesamt die preiswerteste Lösung zum Tragen kommen soll, die das vorgegebene Ziel erfüllt und der Verkehr so mit dem geringst möglichen Ressourcenverzehr in Form von Rohstoffen und Finanzen abzuwickeln ist (siehe Kapitel 4.1). Unser derzeitiges personenbezogene Verkehrssystem kann jedoch als wirtschaftlich ineffizient bezeichnet werden, denn der gewünschte Nutzen wird mit einem zu hohen Ressourceneinsatz erreicht und die hohen gesellschaftlichen Folgekosten (externe Kosten) wirken sich insgesamt wohlstandsmindernd aus.[159] Eine Internalisierung der externen Kosten würde letztendlich eine effizientere Nutzung von Ressourcen und dadurch eine Einsparung sowohl interner, als auch externer Kosten bewirken. Für eine nachhaltige Verkehrsentwicklung ist demzufolge Kostenwahrheit anzustreben, d. h. dass die externen Kosten aus Gründen volkswirtschaftlicher Effizienz und die betriebswirtschaftlichen Kosten inklusive der Wegekosten im Preis beinhaltet sein müssen, wodurch Kostenverlagerungen auf Dritte, andere Länder und künftige Generationen minimalisiert werden würden.[160]

Die nicht-Nachhaltigkeit des deutschen Personenverkehrs wurde unlängst auch seitens der Politik erkannt, die Mit Hilfe von Gesetzen und Verordnungen, wie bspw. den Emissionsgrenzwerten versucht, die negativen Verkehrsauswirkungen zu minimieren (siehe Kapitel 4.4).

---

[158] Vgl. Meyer-Ohlendorf/Blobel (2008), S. 3.
[159] Vgl. Kanatschnig/Fischbacher (2000), S. 33.
[160] Vgl. ebd.

4.4 Ansätze einer nachhaltigen Verkehrspolitik

Die Entwicklung des Verkehrs wird unter Nachhaltigkeitsgesichtspunkten wegen seiner Bedeutung für ökonomische, umweltbezogene und soziale Tatbestände national, als auch international diskutiert. Im Jahr 1992 wurden zu diesem Zweck in der Agenda 21 sechs Forderungen für einen nachhaltigen Verkehr bzw. die Umkehr von der heutigen Verkehrsentwicklung hin zu einem nachhaltigen Pfad aufgestellt, die zwar nicht zu einer zusammenhängenden Definition für einen nachhaltigen Verkehr vereint wurden, jedoch Wege aufzeigen, wie eine nachhaltige Verkehrsentwicklung gefördert werden kann.[161] Im Einzelnen wird gefordert[162]

- die Verkehrsnachfrage zu reduzieren,

- den öffentlichen Personen- und Güterverkehr zu entwickeln,

- den nicht-motorisierten Verkehr (laufen und Fahrrad fahren) zu fördern,

- alle Aspekte eines Verkehrssystems in der Planung zu integrieren und die öffentliche Infrastruktur aufrecht zu erhalten,

- die verkehrlichen Entwicklungs- und Kommunikationsprozesse zwischen Staaten, Regionen und Gemeinden zu verbessern und

- die Konsum- und Produktionsmuster in der Gesellschaft zu verändern.

Zehn Jahre später, im Jahr 2002, war „Mobilität sichern – Umwelt schonen: Fahrplan für neue Wege" eines von vier Schwerpunktthemen der deutschen Nachhaltigkeitsstrategie. Die Bundesregierung hat sich in der Nachhaltigkeitsstrategie damit zum Ziel gesetzt, die Umweltbeeinträchtigungen durch den Verkehr dauerhaft zu begrenzen. Dies betrifft die Entkopplung zwischen Verkehr und wirtschaftlicher Entwicklung, den Anteil umweltverträglicher Verkehrsträger, den Klimaschutz, die Luftreinhaltung, den Lärmschutz, den Flächenverbrauch und die Verkehrssicherheit.[163] Der Schutz des Klimas stellt in diesem Zusammenhang eine Herausforderung dar, die kein Staat für sich alleine lösen kann, da Treibhausgasemissionen nicht nur national, sondern global wirksam sind. Das Kyoto-Protokoll zur Rahmenkonvention der Vereinten Nationen von 1997 ist

---

[161] Vgl. Weinreich (2003), S. 49.
[162] Vgl. UN (Hrsg.) (1992), Kapitel 7, Teil E, Sektion 7.52.
[163] Vgl. UBA (Hrsg.) (2004), S. 3.

dementsprechend eine internationale Vereinbarung, mit der sich alle Vertragsstaaten verpflichten, ihre Treibhausgasemissionen zu überwachen und öffentlich zu machen. Die im Kyoto-Protokoll vereinbarten Minderungspflichten gelten dabei für den Zeitraum von 2008 bis 2012; wie eine Folgeregelung aussehen soll ist derzeit noch strittig. Es wird jedoch damit gerechnet, dass ein umfassendes Abkommen frühestens auf dem übernächsten Klimagipfel im Jahr 2011 in Südafrika in Angriff genommen werden könne.[164]

Während ein globales Klimaabkommen im Anschluss an das Kyoto-Protokoll zu scheitern droht, verstehen sich die Europäische Union (EU) und die Bundesrepublik Deutschland als Vorreiter im weltweiten Klimaschutz. Die Beschlüsse zu einer gemeinsamen Klima- und Energiepolitik der EU sehen vor, den Ausstoß an Treibhausgasen bis zum Jahr 2020 um 20 Prozent zu mindern, bis zum Jahr 2050 ist sogar eine Minderung in den EU-Mitgliedsstaaten um 60 Prozent bis 80 Prozent vorgesehen.[165] Um dieses Ziel zu erreichen hat das EU-Parlament am 8. Dezember 2008 erstmals eine Verordnung für die CO_2-Emissionen von Neuwagen erlassen. Nachdem eine freiwillige Selbstverpflichtung der europäischen Pkw-Hersteller auf 140g/km bis 2009 nicht eingehalten wurde, soll der CO_2-Ausstoß von Neuwagen innerhalb der EU von derzeit über 150g/km bis zum Jahr 2015 schrittweise auf 130g/km[166] gesenkt werden. Künftig soll der CO_2-Mittelwert bei Neuwagen 2020 nur noch höchstens 95 g CO_2 pro Kilometer betragen. Eine Ausnahme bilden dabei Fahrzeughersteller, die zwischen 10000 und 300000 Neuzulassungen im Jahr aufweisen. Diese können als Sonderregelung einen Grenzwert beantragen, der eine durchschnittliche Verringerung des CO_2-Ausstoßes um 25 Prozent im Vergleich zu 2007 vorsieht.[167]

Für den Fall, dass der jeweilige Grenzwert für die Flotten-Emissionen überschritten wird, sieht die EU-Kommission Strafzahlungen für die entsprechenden Hersteller vor, sodass diese für jedes Gramm CO_2-Ausstoß über dem Grenzwert Strafe zahlen müssen. Um den künftigen Strafzahlungen zu entgehen, werden die Hersteller erhebliche

---

[164] Vgl. Reiffert (2010), abrufbar unter: http://www.focus.de/wissen/wissenschaft/klima/news/un-klimakonferenz-globales-abkommen-fruehestens-2011_aid_538684.html, Zugriff am 28.10.2010.
[165] Vgl. UBA (Hrsg.) (2009b), S. 2.
[166] Weitere 10g Co2/ km sollen zusätzlich mit Hilfe von sog. Ökoinnovationen und Biokraftstoffen eingespart werden.
[167] Vgl. UBA (Hrsg.) (2009), abrufbar unter http://www.umweltbundesamt-daten-zur-umwelt.de/umweltdaten/public/theme.do?nodeIdent=2363, Zugriff am 28.10.2010.

Anstrengungen unternehmen müssen. In Deutschland, mit einem relativ hohen Anteil an großen und schweren Fahrzeugen der Premiumanbieter, lag der durchschnittliche CO2-Ausstoß neu zugelassener Pkw im Jahr 2008 mit 165 g/km CO2 auf dem höchsten Niveau der westeuropäischen Industrieländer und wurde nur von Lettland noch überboten.[168]

Neben der europäischen Verordnung zum CO2-Ausstoß bestehen zusätzlich Regelungen bezüglich anderer Abgase, die durch den Verkehr verursacht werden. Mit Hilfe der Euro-Normen werden die Abgasgrenzwerte seit 1992 stufenweise verschärft und weitere Anforderungen definiert. So werden mit den Stufen zwei bis vier die Schadstoffemissionen neuer Pkw mit Ottomotor gegenüber Otto-Pkw ohne Katalysator um 90 bis 95 Prozent reduziert, bei Pkw mit Dieselmotoren ebenfalls um 75 bis 90 Prozent. Mit den Grenzwertstufen Euro 5 und Euro 6 [169] wurden bei den Diesel-Pkw die Euro 4 Grenzwerte der Stickoxide von 250mg/km auf 180mg/km (Euro 5, gültig für neue Pkw ab 09/2009) bzw. werden auf 80mg/km (Euro 6, gültig für neue Pkw ab 09/2014) gesenkt. Bei Ottomotoren liegt der Grenzwert bei 60mg/km und es findet so eine Angleichung der Werte für Otto- und Diesel-Pkw ab Euro 6 statt. Hinsichtlich der Partikel- bzw. Staubemissionen fordern die Euro 5-, als auch die Euro 6-Norm eine Reduzierung auf 5mg/km (Euro 4: 25mg/km) sowohl für Otto- und Diesel-Pkw, als auch für leichte Nutzfahrzeuge aller Gewichtsklassen, was nach dem heutigen Stand der Diesel-Fahrzeuge nur durch eine Partikelminderungssystem (z.B. Rußpartikelfilter) möglich ist. Auch im Bereich der motorisierten Zweiräder gelten in der europäischen Union einheitliche Grenzwerte bezüglich bestimmter Abgasemissionen, deren Grenzwerte in der Richtlinie 2002/51/EC festgelegt sind, jedoch existieren derzeit keine Regelungen bezüglich der CO2-Emissionen. Ein ähnlicher Stufenplan wie für Pkw zur Reduzierung der Abgasemissionen wurde in Europa auch für Lkw und Busse definiert. Mitte 2006 haben das Europäische Parlament und der Rat, die ab dem 31. Dezember 2012 geltende Abgasnorm Euro 6 für neue Lkw verabschiedet, wodurch die Grenzwerte bei Partikeln um 66 Prozent und bei Stickoxiden sogar um 80 Prozent gesenkt werden.[170]

---

[168] Vgl. Becker (2010), S. 42ff.
[169] Verordnung (EG) Nr. 692/2008.
[170] Vgl. UBA (Hrsg.) (2009), abrufbar unter: http://www.umweltbundesamt-daten-zur-umwelt.de/umweltdaten/public/theme.do?nodeIdent=2363, Zugriff am 28.10.2010.

Im Luftverkehr hingegen existieren keine Grenzwerte in diesem Sinne. Zur Senkung der CO2-Emissionen im Luftverkehr wird dieser ab 2012 in den Emissionshandel mit einbezogen. Der Handlungsbedarf zeigt sich seit Jahren deutlich: Allein seit 1990 haben sich die Emissionen des Luftverkehrs fast verdoppelt.[171] Seit 2010 gelten bereits Vorschriften zur Emissionsüberwachung und –berichterstattung, ab 2012 tritt dann der Emissionshandel in Kraft. In dem europäischen Emissionshandelssystem wird dem Luftverkehr dabei die Menge an Emissionszertifikaten zugeteilt, die den durchschnittlichen jährlichen Emissionen in den Jahren 2004 bis 2006, abzüglich 3 Prozent in 2012 und abzüglich 5 Prozent in 2013 entsprechen. Diese 3 bzw. 5 Prozent, sowie die seitdem in Folge des Verkehrswachstums zusätzlichen Emissionen, müssen von den Luftfahrtunternehmen mit Hilfe effizienterer Flugzeuge und Flugverfahren oder mittels Zukauf von Zertifikaten kompensiert werden. Anteilsmäßig 85 Prozent der von der Gesamtmenge der dem Luftverkehr zugeteilten Zertifikate, werden auf die beteiligten Luftfahrtunternehmen aufgeteilt, die übrigen 15 Prozent werden versteigert.[172]

Neben den Emissionen stellt insbesondere der vom Verkehr ausgehende Lärm eine große Belastung dar (vgl. Kap. 4.2.5), weshalb eine Verkehrslärmschutzverordnung erlassen wurde, die Immissionsgrenzwerte zum Schutz der Nachbarschaft vor schädlichen Umwelteinwirkungen durch Verkehrsgeräusche festlegt. Die Immissionsgrenzwerte der aktuellen Fassung dieser Rechtsverordnung vom 12. Juni 1990 (16. BImSchV) sind in der nachfolgenden Tabelle zusammengefasst.

Tab. 4: Immissionsgrenzwerte in db(A)

	Tag	Nacht
1. an Krankenhäusern, Schulen, Kurheimen und Altenheimen	57 Dezibel (A)	47 Dezibel (A)
2. in reinen und allgemeinen Wohngebieten und Kleinsiedlungsgebieten	59 Dezibel (A)	49 Dezibel (A)
3. in Kerngebieten, Dorfgebieten und Mischgebieten	64 Dezibel (A)	54 Dezibel (A)
4. in Gewerbegebieten	69 Dezibel (A)	59 Dezibel (A)

Quelle: BUNDESREGIERUNG (Hrsg.): Verkehrslärmschutzverordnung (16. BImSchV) § 2, 1990

---

[171] Vgl. Ludwig (2010), abrufbar unter: http://www.handelsblatt.com/politik/international/verschmutzungsrechte-eu-will-emissionshandel-im-luftverkehr;2670720, Zugriff am 29.10.2010.
[172] Vgl. BMVBS (Hrsg.), abrufbar unter http://www.bmvbs.de/SharedDocs/DE/Artikel/LR/einbeziehung-des-luftverkehrs-in-das-europaeische-emissionshandelssystem.html?nn=46844, Zugriff am 28.10.2010.

Für den Lärmschutz beim Neubau oder einer wesentlichen Änderung öffentlicher Straßen- und Schienenwege der Straßenbahnen und Eisenbahnen sind demzufolge je nach Gebietscharakter unterschiedliche Grenzwerte festgelegt, wobei die Grenzwerte nachts wesentlich niedriger angesetzt sind als bei Tag. Für den Lärmschutz an bereits bestehenden Verkehrswegen sind hingegen keine derartigen Rechtsvorschriften vorhanden, es sei denn sie stehen in der Baulast des Bundes, wodurch gesonderte Sanierungsregeln zum Tragen kommen. Auch für Kraft- und Schienenfahrzeuge an sich gelten spezifische Geräuschgrenzwerte. Möchte ein Hersteller ein neues Fahrzeug auf den Markt bringen, so ist er verpflichtet mit einem Prototyp des Modells zunächst nachzuweisen, dass die betreffenden Geräuschgrenzwerte eingehalten werden, was durch Stichprobenuntersuchungen und regelmäßige Kontrollmessungen in der Serienproduktion weiter sicherzustellen ist. [173]

Als weitere Maßnahme hat das BMVBS im Februar 2007 das Nationale Verkehrslärmschutzpaket vorgestellt und 2009 aktualisiert. Dieses zielt auf die Vermeidung bzw. Begrenzung von Lärm an der Quelle, soll aber auch dazu beitragen dort wo Lärm unvermeidbar ist (bspw. an Flughäfen und Autobahnen), zumindest seine Auswirkungen zu vermindern um eine Trendwende der Belastungen durch Lärm bei der Bevölkerung zu erreichen. Das Nationale Verkehrslärmschutzpaket II vom 27. August 2009 enthält dabei erstmals quantitative Lärmminderungsziele. So soll die Lärmbelästigung an Lärmbrennpunkten bis zum Jahr 2020 um

- 20 Prozent im Flugverkehr

- 50 Prozent im Schienenverkehr und

- bis zu 30 Prozent im Straßenverkehr und der Binnenschifffahrt

reduziert werden. [174]

Bezüglich der mit der Flächeninanspruchnahme im Zusammenhang stehenden negativen Auswirkungen, wird im Rahmen der nationalen Nachhaltigkeitsstrategie das Ziel definiert, den Zuwachs der Siedlungs- und Verkehrsfläche bis 2020 von derzeit ca. 96 ha/Tag auf 30 ha pro Tag zu reduzieren. Bisher fehlt jedoch ein durchgreifender Wandel

---

[173] Vgl. UBA (Hrsg.) (2009), abrufbar unter http://www.umweltbundesamt-daten-zur-umwelt.de/umweltdaten/public/theme.do?nodeIdent=3173, Zugriff am 28.10.2010.

der Konsumgewohnheiten, Investitionsentscheidungen und staatlichen Rahmenbedingungen[175], sodass abzuwarten bleibt, ob und wie dieses Ziel erreicht wird.

Insgesamt wird deutlich, dass die politischen Bemühungen, die vom Verkehr ausgehenden Belastungen zu minimieren um eine Umkehr der heutigen Verkehrsentwicklung hin zu einem nachhaltigen Pfad zu erreichen, Berührungspunkte mit allen drei Dimensionen einer nachhaltigen Entwicklung aufweisen. Es bleibt jedoch abzuwarten, inwieweit die geplanten Maßnahmen und Ziele (CO2-Verordnung, Emissionshandel, Lärmminderung, Verringerung der Flächeninanspruchnahme) entsprechend umgesetzt bzw. erreicht werden und ob diese genügen, um den personenbezogenen Verkehr in Deutschland schließlich als nachhaltig bezeichnen zu können.

Mit ihren 21 Schlüsselindikatoren für eine nachhaltige Entwicklung, hat die Bundesregierung bereits ein Instrument entwickelt, mit dem überprüft werden kann, ob die Entwicklungen in der Bundesrepublik in Richtung einer nachhaltigen Entwicklung verlaufen (vgl. Kap. 2.2). Bisher existiert seitens der Politik jedoch kein Instrument, mit dem sich im Speziellen die Entwicklungen im Verkehrsbereich bezüglich ihrer Nachhaltigkeit beurteilen ließen. Vielmehr findet der Verkehr durch verschiedene allgemeine Indikatoren, wie bspw. den Klimaschutz oder die Flächeninanspruchnahme, eher indirekt Eingang in die Nachhaltigkeitsstrategie der Bundesregierung. Dementsprechend findet sich auch kein Instrument, mit dem sich explizit einzelne Verkehrskonzepte auf ihren Beitrag zu einer nachhaltigen Entwicklung hin überprüfen ließen, weshalb das folgende Kapitel sich mit der Entwicklung eines solchen Instruments beschäftigt.

---

[174] Vgl. BMVBS (Hrsg.) (2010), abrufbar unter
http://www.bmvbs.de/SharedDocs/DE/Artikel/UI/verkehrslaermschutz.html, Zugriff am 28.10.2010.
[175] Vgl. UBA (Hrsg.) (2007), abrufbar unter http://www.umweltbundesamt.de/rup/flaechen/grund.htm,
Zugriff am 28.10.2010.

4.5 Instrument zur Nachhaltigkeits-Beurteilung von Verkehrskonzepten

Auf Grundlage der zuvor gewonnen Erkenntnisse, soll im vorliegenden Abschnitt ein Bewertungsinstrument eingeführt werden, mit dessen Hilfe an späterer Stelle die eigentumslose Pkw-Nutzung (Car-Sharing) hinsichtlich ihres Beitrags zu einer nachhaltigen Entwicklung in Deutschland analysiert werden kann. Auf Basis der im Verlauf dieser Arbeit gewonnenen Erkenntnisse, wird dafür entlang der drei Dimensionen der Nachhaltigkeit zunächst ein ausgewogenes Set an Indikatoren zusammengestellt, das im Zusammenspiel mit einer Bewertungsmatrix eine Beurteilung des Car-Sharing im sechsten Kapitel erlaubt.

4.5.1 Nachhaltigkeitsindikatoren für Verkehrskonzepte

Entsprechend der Definition eines nachhaltigen Verkehrs, sollten verkehrsbezogene Nachhaltigkeitsindikatoren die folgenden grundlegenden Ziele abbilden: Minderung der durch den Verkehr verursachten ökologischen und gesundheitlichen Risiken, Befriedigung der Mobilitätsbedürfnisse aller Verkehrsteilnehmer und Verbesserung der Ressourceneffizienz[176] (vgl. Kap. 4.1). Ausgangsbasis für die in dieser Arbeit empfohlenen verkehrsbezogenen Nachhaltigkeitsindikatoren, bilden die (für den Verkehr relevanten) Nachhaltigkeitsindikatoren der Bundesregierung (siehe Anhang A), die in Kapitel 4.1 dargestellten Anforderungen an einen nachhaltigen Verkehr, sowie die in Kapitel 4.2 herausgearbeiteten ökologischen, ökonomischen und sozialen Problembereiche des Verkehrs in Deutschland mit den wichtigsten Elementen.

Trotz der systematischen Vorgehensweise ist Subjektivität bei Bewertungen im Allgemeinen nicht vollkommen vermeidbar. Es existiert nicht das eine, einzig mögliche Set an Indikatoren, da die Anzahl der möglichen Indikatoren, die auf einige wenige repräsentative Kenngrößen reduziert werden soll, viel zu groß ist und zudem unser Wissen über das System begrenzt ist.[177] Dementsprechend handelt es sich bei dem folgenden Set an Indikatoren, sowie dem daraus generierten Bewertungsinstrument, um lediglich

---

[176] Vgl. Reul (2002), S. 143.
[177] Vgl. Bossel (1999), S. 65.

eine Möglichkeit der Bewertung von Verkehrskonzepten hinsichtlich ihres Beitrags zu einer nachhaltigen Entwicklung.

Im Folgenden werden die in dieser Arbeit verwendeten einzelnen Indikatoren, geordnet nach ihrer zugehörigen Dimension, vorgestellt und erläutert.

Ökologische Dimension

Entsprechend der ökologischen Anforderungen an einen nachhaltigen (Personen-)Verkehr, gilt es, die Belastungen des (Personen-)Verkehrs auf die Umwelt zu reduzieren. Die Anforderungen in der ökologischen Dimension zielen damit sowohl auf eine Minimierung der Inputs, als auch der Outputs, d.h. es gilt sowohl den verkehrsbezogenen Ressourcenverbrauch, als auch die Auswirkungen des Verkehrs auf die Umwelt zu reduzieren. In der Nachhaltigkeitsstrategie der Bundesregierung[178] wird dieser Forderung im Rahmen der Generationengerechtigkeit, mit den Themen „Ressourcenschonung", „Klimaschutz", „Erneuerbare Energien", „Flächeninanspruchnahme" und „Artenvielfalt" mit den entsprechenden Indikatoren und Zielsetzungen nachgekommen (siehe Anhang A). Bei einer Betrachtung der in Kapitel 4.2 herausgestellten negativen ökologischen Wirkungen des Verkehrs zeigt sich, dass viele der dort beschriebenen negativen ökologischen Verkehrswirkungen bereits im Rahmen der Nachhaltigkeitsstrategie berücksichtigt werden (vgl. Tab. 3). Auf Basis der ökologischen Anforderungen an einen nachhaltigen Verkehr und unter Einbeziehung der Nachhaltigkeitsindikatoren der Bundesregierung, sowie der herausgestellten ökologischen Verkehrsprobleme, lassen sich für den Bereich „Ökologie" die folgenden, in Tabelle 5 zusammengefassten Indikatoren zur Beurteilung des Beitrags von Verkehrskonzepten zu einer nachhaltigen Entwicklung ableiten.

---

[178] Vgl. Bundesregierung (Hrsg.) (2002)

Tab 5: Indikatoren zur Beurteilung der Nachhaltigkeitsperformance von Verkehrskonzepten in der ökologischen Dimension

Bereich			Indikator
Ökologie	Ressourcen und Energie	1.	Veränderung des Ressourcenverbrauchs (Fläche, Rohstoffe)
		2.	Veränderung des Energieverbrauchs (Herstellung, Betrieb)
		3.	Veränderung des Einsatzes erneuerbarer Energien
		4.	Veränderung der Abfall- und Entsorgungsmenge
	Emissionen	5.	Veränderung der Emission von Treibhausgasen (CO2, CH4, N2O, SF6, FKW/PFC, H-FKW/HFC)
		6.	Veränderung der Emission anderer Luftschadstoffe (Staub, NMVOC, SO2, NOx)
	Natur und Landschaft	7.	Veränderung der Landschaftszerschneidung und dessen Folgen
		8.	Veränderung der Bodenversiegelung
		9.	Veränderung der Boden- und Gewässerbelastung

Quelle: Eigene Darstellung

Ökonomische Dimension

Aus den Anforderungen eines nachhaltigen Verkehrs in der ökonomischen Dimension ergibt sich, dass dieser unter dem vorgegebenen Ziel der bedürfnisgerechten Mobilität für alle mit einem möglichst geringen Ressourceneinsatz realisiert werden muss und die gesellschaftlichen Folgekosten (externe Kosten) minimiert werden müssen, da diese sich wohlstandsmindernd auswirken. Insbesondere dürfen die Verkehrsausgaben nicht über eine Verschuldung künftiger Generationen finanziert werden. Kostenverlagerungen auf andere Zeiten, andere Menschen und andere Länder müssen minimiert werden.

Bei Verkehrskonzepten wie dem Car-Sharing gibt es in der Regel einen Anbieter und einen Anwender. Voraussetzung dafür, dass ein derartiges Verkehrskonzept überhaupt

69

einen Beitrag zu einer nachhaltigen Entwicklung liefern kann, ist, dass dieses für den Anbieter mittelfristig profitabel ist und der Anwender die Lösung akzeptiert, wofür das Verkehrskonzept entweder Kostenvorteile mit sich bringen oder bei erhöhtem Preis einen entsprechenden Zusatznutzen bieten muss. Andernfalls würde das Konzept weder angeboten noch nachgefragt werden. Zusätzlich gilt es regionale und volkswirtschaftliche Effekte abzubilden. Insbesondere der Einfluss auf die in Kapitel 4.2.7 herausgestellten externen Kosten des Verkehrs, sowie die Beschäftigungswirkung, die ebenfalls in der nationalen Nachhaltigkeitsstrategie thematisiert wird, sollen in diesem Bereich untersucht werden.

Die daraus resultierenden Indikatoren für den Bereich „Ökonomie" sind in Tab. 6 zusammengefasst.

Tab 6: Indikatoren zur Beurteilung der Nachhaltigkeitsperformance von Verkehrskonzepten in der ökonomischen Dimension

Bereich			Indikator
Ökonomie	Ökonomische Effekte für den Anbieter	10.	Veränderung der Herstellkosten und/oder Kosten der Leistungserstellung (Personal-, Materialkosten)
		11.	Veränderung der Profitabilität (kurz-/langfristig)
		12.	Veränderung der Kundenbindung
		13.	Veränderung des Zugangs zu neuen Märkten/neuen Kundengruppen
	Ökonomische Effekte für den Anwender	14.	Veränderung des Hauptnutzens für den Anwender
		15.	Veränderung des ökonomischen Zusatznutzens für den Anwender (z. B. Auslagerung von Haftungsfragen und Wartungsverpflichtungen, Zeitgewinn, ...)
		16.	Veränderung der Nutzungskosten für den Anwender
		17.	Veränderung des Investitionsbedarfs beim Anwender
	Regionale & Volkswirtschaftliche Effekte	18.	Schaffung neuer Arbeitsplätze in der Region?
		19.	Veränderung der volkswirtschaftlichen Kosten

Quelle: Eigene Darstellung, in Anlehnung an Hinterberger et al. (2006), S. 114

Soziale Dimension

Wie in Kapitel 4.1 gezeigt wurde, kann Verkehr dann als sozial nachhaltig betrachtet werden, wenn die verschiedenen gesellschaftlichen Gruppen uneingeschränkt ihre jeweiligen Mobilitätsansprüche erfüllen können, d.h. gleichberechtigt am Verkehr teilnehmen können und die negativen Auswirkungen des Verkehrs auf Dritte minimiert werden. Insbesondere dürfen die negativen Verkehrswirkungen einzelne Personen oder Gruppen nicht stärker belasten als andere. Darüber hinaus gilt es die Verkehrsbedürfnisse so zu sichern, dass zwischen Menschen, Regionen und Generationen inter- bzw. intragenerationale Gerechtigkeit herrscht und die Konsumformen in Richtung nachhaltige Entwicklung zu lenken, um der internationalen Vorbildfunktion zu genügen.

71

In den vorangegangenen Untersuchungen konnte herausgestellt werde, dass in der sozialen Dimension neben der Unfallgefahr, vor allem Belastungen in Form von Lärm und Luftschadstoffen sich negativ auf die Gesundheit der Menschen auswirken (vgl. Kap. 4.2.3 und Kap. 4.2.5). In der Nachhaltigkeitsstrategie der Bundesregierung werden diese Aspekte mit den Themen „Luftqualität" und „Gesundheit" berücksichtigt.[179] Zusätzlich hat der Verkehr wesentliche Auswirkungen auf die Lebensqualität der Menschen, sowie auf die Gesellschaft. Unter Berücksichtigung der bisherigen Untersuchungen und Erkenntnisse, lassen sich so folgende, in Tabelle 7 zusammengefasste, Indikatoren für den Bereich „Soziales" ableiten:

Tab 7: Indikatoren zur Beurteilung der Nachhaltigkeitsperformance von Verkehrskonzepten in der sozialen Dimension

Bereich	Indikator	
Gesundheit	20.	Veränderung der Belastungen durch Schadstoffemissionen auf Nutzer/nicht-Nutzer
	21.	Veränderung der Belastung durch Lärmemissionen auf Nutzer/nicht-Nutzer
	22.	Veränderung der Unfallgefahr Nutzer/nicht-Nutzer
Lebensqualität	23.	Veränderung der Attraktivität der Wohnumgebung (bspw. Veränderung der Grün- und Erholungsfläche)
	24.	Veränderung der Wohnqualität
Gesellschaftliche Effekte	25.	Veränderung des Zugangs zu Mobilität (Verbreiterung der Gruppe von Menschen m. Zugang?)
	26.	Veränderung des Beitrags/Anreizes zu nachhaltigen Konsumformen (bspw. vermehrte Nutzung des ÖPNV)
	37.	Veränderung der intra- und intergenerationalen Gerechtigkeit

(Bereich: Soziales)

Quelle: Eigene Darstellung

---

[179] Vgl. Bundesregierung (Hrsg.) (2002)

4.5.2 Bewertungsinstrument

Das die drei Dimensionen Ökologie, Ökonomie und Soziales umfassende Set an Indikatoren, ermöglicht mit Hilfe einer Bewertungsmatrix eine umfassende Beurteilung von Verkehrskonzepten hinsichtlich ihres Beitrags zu einer nachhaltigen Entwicklung. Die einzelnen Kriterien werden dafür jeweils mit +1 (Verbesserung), 0 (keine Veränderung) und -1 (Verschlechterung) bewertet, bzw. es findet keine Beurteilung statt, falls das Kriterium nicht beurteilt werden kann. Jede Einschätzung sollte dabei möglichst genau verbal begründet werden. Dabei muss beachtet werden, dass „Nachhaltigkeit" nicht „absolut" definiert werden kann, sondern einen Bezugspunkt benötigt. Die Bewertung muss daher in Relation zu einer möglichst konkret definierten Referenzsituation erfolgen. Dies ist meist die derzeitige Lösung, der „Status quo", welcher als noch nicht nachhaltig angesehen wird.[180] Die abschließende, zusammenfassende Bewertung erfolgt nur innerhalb der drei gleichgewichteten Dimensionen mit Hilfe von Durchschnittsberechnungen. Zur Anwendung des dargestellten Analyseinstruments auf das Car-Sharing, ist es notwendig dies zunächst hinreichend zu charakterisieren und zu analysieren, was im folgenden Kapitel geschieht.

---

[180] Vgl. Hinterberger et al. (2006), S. 112.

5 Car-Sharing: Situation und Entwicklung

Die bisherigen Untersuchungen haben gezeigt, dass der Personenkraftwagen den dominanten Verkehrsträger im Personenverkehr in Deutschland darstellt, da dieser den Anforderungen der Nutzer in der Regel am ehesten gerecht wird bzw. sich oftmals am besten eignet, ein individuelles Mobilitätsbedürfnis zu befriedigen (vgl. Kap. 3). Wie in Kapitel 4 gezeigt wurde, gehen mit eben dieser Form der Befriedigung der Mobilitätsbedürfnisse zahlreiche Belastungen für Mensch und Umwelt einher, sodass das personenbezogene Verkehrssystem als Ganzes nicht mit den Anforderungen an eine nachhaltige Entwicklung konform geht. Eine zentrale Herausforderung liegt demzufolge in der Etablierung solcher Verkehrskonzepte, die den Mobilitätsbedürfnissen in einem ähnlichen Maße wie der Privat-Pkw entsprechen, gleichzeitig jedoch die negativen Auswirkungen minimieren. Ein solches Verkehrskonzept könnte das in diesem Kapitel zu untersuchende Car-Sharing darstellen. Aus Nutzersicht schließt Car-Sharing die Lücke zwischen den bisherigen Verkehrsträgern des Umweltverbundes, die immer wieder dazu führt, dass ein privater Pkw angeschafft wird und damit die prinzipielle Orientierung am Umweltverbund verloren geht.[181] Car-Sharing bietet somit eine Alternative zum privaten Autobesitz und ist als solches ein typisches Konzept der Service-Ökonomie. Um zu analysieren, ob Car-Sharing auch einen Beitrag zu einer nachhaltigen Verkehrsentwicklung leisten kann, ist es notwendig dieses zunächst hinreichend zu charakterisieren und abzugrenzen. Nachfolgend wird in Kapitel 5.2 die Angebotsseite des Car-Sharing in Deutschland näher betrachtet, Kapitel 5.3 befasst sich abschließend mit der Nachfrageseite des Car-Sharing in Deutschland.

---

[181] Vgl. Huwer (2003), S. 9.

5.1 Definition und Abgrenzung

Car-Sharing kann als eine organisierte Form der gemeinsamen Nutzung eines oder mehrerer Pkw durch mehrere Nutzer verstanden werden. Das Car-Sharing-Konzept zeichnet sich durch eine Entkopplung von persönlichem Eigentum und individueller Nutzung aus, bei der das *„individuelle Nutzungsrecht durch ein kollektives ersetzt wird"* (PESCH (1996), S. 47). Anhand des Kriteriums „Grad der Selbstbestimmung", dessen Ausprägung eng mit den jeweiligen Eigentumsrechten verknüpft ist, lässt sich Car-Sharing in das System der verschiedenen Verkehrsarten einordnen.[182] Auf der einen Seite steht dabei der öffentliche Personenverkehr der jedem zugänglich und durch eine weitgehend fremdbestimmte Nutzung in Zeit und Raum charakterisiert ist, während auf der anderen Seite der Individualverkehr steht, der bei der Bestimmung von Fahrweg, Zeit, Ziel und sonstiger lokaler und temporärer Parameter nahezu vollständig selbstbestimmt ist (vgl. Kap. 3.3). Car-Sharing nimmt damit eine Zwischenstellung ein, da die räumliche Selbstbestimmung (abgesehen von einer meist immer noch notwendigen Nutzung festgelegter Stellplätze) weitestgehend gegeben ist, die zeitliche Nutzung allerdings von der Verfügbarkeit der Fahrzeuge abhängt und mit anderen Nutzern koordiniert werden muss. VESTER (1995) definiert Car-Sharing vor diesem Hintergrund somit als eine Art „öffentlichen Individualverkehr".[183]

Grundsätzlich lassen sich zwei verschiedene Formen eigentumsloser Pkw-Nutzung unterscheiden: Das Car-Sharing und das Car-Pooling.[184] Handelt es sich um die Nutzung von Fahrzeugen durch mehrere Personene nacheinander (serielle Nutzung), so spricht man von Car-Sharing, während Car-Pooling die Fahrzeug-Nutzung durch mehrere Personen zum gleichen Zeitpunkt beschreibt (parallele Nutzung). Zum Car-Pooling zählen sowohl private Pendler- und Fahrgemeinschaften, als auch organisierte, oftmals kommerzielle Formen, wie bspw. Mitfahrzentralen und Berufspendler-Vermittlungen. Neben dem formellen Car-Sharing existiert das informelle Car-Sharing, dessen Nutzerkreis sich auf den Verwandten- und Bekanntenkreis beschränkt oder einen Zusammenschluss mehrerer Autofahrer beschreibt, die sog. „Privates Car-Sharing" betreiben. Das formelle Car-Sharing hingegen besteht in der gemeinschaftlichen

---

[182] Vgl. Petersen (1995), S. 69.
[183] Vgl. Vester (1995), S. 334.
[184] Vgl. Behrendt (2000), S. 8.

Nutzung von Fahrzeugen, die durch eigenständige Car-Sharing-Organisationen (CSO) an wohnungsnahen Standorten bereitgestellt werden. Die Nutzung dieser Art von Car-Sharing-Angeboten setzt eine Mitgliedschaft in einem Verein, einer Genossenschaft oder den Abschluss eines Nutzungsvertrages mit einem Car-Sharing-Anbieter voraus.[185] Die Mitglieder einer Car-Sharing-Organisation können dabei auf eines oder mehrerer Fahrzeuge zugreifen, das sie nach vorheriger Buchung gegen ein Entgelt selbständig an den Stationen eines Stationsnetzes ausleihen können. Reinigung, Pflege, Wartung und Reparatur werden dabei von der CSO übernommen.[186] Auch die Autovermietung und das Taxi können auf Grund einer geteilten, seriellen Nutzung der Fahrzeuge zum Car-Sharing gezählt werden. Im Gegensatz zum organisierten Car-Sharing weisen diese aber andere Organisationsmerkmale und Tarifstrukturen auf.[187] Folgende Merkmale unterscheiden die herkömmliche Form der Autovermietung dabei vom organisierten Car-Sharing und ermöglichen so eine Abgrenzung:[188]

- Bei der klassischen Autovermietung wird vor jeder Anmietung erneut ein Vertrag abgeschlossen, während bei den CSO Rahmenverträge geschlossen werden, die auf eine längere Dauer ausgelegt sind.

- Die Fahrzeugübergabe und -rücknahme erfolgt bei den Stationen von Autovermietungen in der Regel persönlich, bei CSO ist dies eher die Ausnahme.

- Während die Mindestmietdauer bei Autovermietungen in der Regel 24h beträgt, werden die Reservierungen von Fahrzeugen der CSO in Stunden- oder Halbstundenintervallen vorgenommen

- Bei der Rückgabe von Mietwagenfahrzeugen ist das vollständige Betanken in der Regel erforderlich. Bei CSO werden die Fahrzeuge dagegen erst bei Unterschreiten eines bestimmten Tankinhalts vom Nutzer betankt.

Der Taxiverkehr ist im Gegensatz zum Car-Sharing dadurch gekennzeichnet, dass die Leistung fremd erbracht wird, d.h. der Transport erfolgt durch einen fremden Fahrer, welcher der Transport- und Beförderungspflicht unterliegt. Dies hat zur Folge, dass Taxidienstleistungen alle Verkehrsteilnehmer ansprechen, da der Transport unabhängig

---

[185] Vgl. Loose et al. (2004), S. 8
[186] Vgl. Lawinczak/Heinrichs (2008), S. 9.
[187] Vgl. Behrendt (2000), S. 9.
[188] Vgl. Loose et al. (2004), S. 8, Behrendt (2000), S. 9.

vom Besitz einer Fahrerlaubnis erfolgen kann, während die Inanspruchnahme von Car-Sharing oder Autovermietungen an den Führerscheinbesitz gebunden ist.[189] Schwieriger hingegen gestaltet sich eine Unterscheidung zwischen organisiertem Car-Sharing und bestimmten Formen des Car-Poolings, wie es von einigen Firmen betrieben wird. Die Dienstwagenflotte wird dabei nicht einzelnen Nutzern zugeordnet, sondern gemeinschaftlich genutzt. Wird dieses Angebot für einen geschlossenen Mitarbeiterkreis eines Unternehmens von einer beauftragten externen Firma angeboten, so kann von einer besonderen Form des Car-Sharing gesprochen werden.[190] Ein weiterer Unterschied ergibt sich durch die angesprochenen Marktsegmente.[191] Die Autovermietung ist grundsätzlich auf längere Mietvorgänge ausgerichtet[192] und zielt in erster Linie auf den Geschäftsreiseverkehr, sowie das Unfallersatzwagengeschäft, sodass lediglich rund ein Viertel auf Privatnutzungen entfällt. Car-Sharing hingegen erstreckt sich vorwiegend auf den Kurzstreckenbereich bzw. stundenweise Mietvorgänge und macht damit Mietfahrzeuge für den Alltagsgebrauch zugänglich.[193]

Insgesamt kann festgestellt werden, dass Car-Sharing und die Autovermietung im klassischen Sinne, sowie Taxidienstleistungen nicht das Selbe Marktsegment abdecken und sich dementsprechend eher ergänzen als konkurrieren.[194]

---

[189] Vgl. Behrendt (2000), S. 9.
[190] Vgl. Loose et al. (2004), S. 8.
[191] Vgl. Behrendt (2000), S. 9.
[192] Vgl. Steiniger et al. (1996), S. 178.
[193] Vgl. Behrendt (2000), S. 9.
[194] Vgl. Baum/Pesch (1994), S. 11, Forschungsgesellschaft Mobilität Austrian Mobility Research (Hrsg.) (1996), S. 57.

5.2 Car-Sharing in Deutschland: Die Angebotsseite

Nachdem das Car-Sharing im vorangegangenen Kapitel definiert und von anderen Formen eigentumsloser Pkw-Nutzung abgegrenzt wurde, gilt es nun die Angebotsseite zu analysieren. In Kapitel 5.2.1 wird hierfür zunächst die Entstehungsgeschichte des deutschen Car-Sharing-Marktes dargestellt, woraufhin der deutsche Car-Sharing-Markt der Gegenwart analysiert wird. Kapitel 5.2.3 widmet sich dem derzeitigen Angebot, dass den Nutzern im Bereich Car-Sharing zur Verfügung steht, bevor in Kapitel 5.2.4 der praktische Ablauf beim Car-Sharing dargestellt und zur weiteren Konkretisierung ein Fallbeispiel herangezogen wird.

5.2.1 Entstehung und Entwicklung des deutschen Car-Sharing-Marktes

Organisiertes Car-Sharing ist in Deutschland, ähnlich wie in der Schweiz, als zivilgesellschaftliches Selbsthilfeprojekt aus den lokalen Szenen der Öko-Bewegung heraus entstanden. Für diejenigen, die kein eigenes Auto besaßen oder mit dem Gedanken spielten, dieses abzuschaffen, wollte man eine umweltfreundliche Möglichkeit schaffen, den gelegentlichen Bedarf an Automobilität befriedigen zu können.[195] Die Wurzeln des Car-Sharing spiegeln sich noch heute im einschlägigen Vokabular wieder, beginnend mit dem Begriff des Car-Sharing (Auto-Teilens) selbst. Man wurde nicht Kunde oder Kundin, sondern „Mitglied", „trat bei", „zahlte eine Einlage" und fuhr mit „Gemeinschaftsautos".[196] Seit der zweiten Hälfte der neunziger Jahre, ist das deutsche Car-Sharing auf dem Weg vom „Ökoprojekt zur Mobilitätsdienstleistung"[197], mit dem Ziel, die „ökologische Innovation" Car-Sharing außerhalb der Öko-Nische am Verkehrsmarkt zu etablieren und eine breitere Kundschaft zu gewinnen. In der Folgezeit wurden viele zuvor genossenschaftlich betriebene Car-Sharing-Organisationen in Kapitalgesellschaften umgewandelt und durch die Übernahme einiger lokaler CSO in Krisenzeiten von auswärtigen Betreibern, entstand eine gewisse Lösung von den lokalen Szenen.[198] Durch das Eindringen in bereits „besetzte" lokale Märkte durch einzelne Anbieter, vollzog sich anschließend ein Wandel im Car-Sharing-Markt und es entstand eine

---

[195] Vgl. Wuppertal Institut für Klima, Umwelt und Energie GmbH (Hrsg.) (2007), S. 35.
[196] Vgl. Wilke (2004b), S. 109.
[197] Vgl. Franke (2001) „Car-Sharing: Vom Ökoprojekt zur Mobilitätsdienstleistung"

wirkliche Marktsituation jenseits der Selbstorganisation der lokalen Szenen, was bis heute dazu führte, dass die hinzugetretenen anonymen Marktteilnehmer sich unterein- ander und mit dem jeweiligen Car-Sharing-Unternehmen allenfalls noch durch eine unterstellte ökologische Grundausrichtung verbunden fühlen.[199]

5.2.2 Der deutsche Car-Sharing-Markt heute

Im Jahr 1988 wurde in Berlin das deutschlandweit erste Car-Sharing-Projekt mit Gründung der StattAuto Berlin GmbH realisiert. 1990 gab es bereits fünf CSO und fünf Jahre später existierten bereits 51 Anbieter.[200] Die Größe der heutigen CSO ist sehr unterschiedlich. Sie reicht von einem Verein mit 70 Kunden und sechs Fahrzeugen, bis hin zu einem überregionalen Unternehmen mit mehr als 5000 Kunden und ca. 300 Fahrzeugen.[201] Die Mehrzahl der Anbieter ist dabei lokal und regional organisiert. Inzwischen dominieren aber vier kommerzielle Anbieter die Car-Sharing-Szene. Diese vier – Deutsche Bahn, Cambio, Stadtmobil und Green Wheels – sind bundesweit vertreten.[202] Die wichtigsten Rechtsformen sind der eingetragene Verein und die GmbH. Art und Anzahl der Beschäftigten, die zumeist in Angestelltenverhältnissen beschäftigt sind, variieren in Abhängigkeit zur Größe der CSO.[203]

Mittlerweile wird das organisierte Autoteilen von Sylt bis München in etwa 270 Städten und Gemeinden der Bundesrepublik angeboten.[204] Nach wie vor konzentrieren sich die Geschäftsaktivitäten der CSO im Wesentlichen auf die größeren Städte mit mehr als 200000 Einwohnern, in denen mittlerweile mindestens ein Car-Sharing-Anbieter vertreten ist. Aber auch in Städten mit Einwohnerzahlen zwischen 100000 und 200000 steht schon ein flächendeckendes Netz zur Verfügung. Die Ausnahme bilden weiterhin kleinere Gemeinden und Städte.[205] Betrachtet man alle Anbieter zusammen, so hatten diese Anfang 2008 etwa 116000 Fahrberechtigte in ihrer Kundendatei, das sind rund

[198] Vgl. Wilke (2004b), S. 109.
[199] Vgl. Wuppertal Institut für Klima, Umwelt und Energie GmbH (Hrsg.) (2007), S. 35.
[200] Vgl. Behrendt (2000), S. 11.
[201] Vgl. Wuppertal Institut für Klima, Umwelt und Energie GmbH (Hrsg.) (2007), S. 38.
[202] Vgl. Groll (2010), abrufbar unter http://www.zeit.de/auto/2010-06/carsharing-ueberblick, Zugriff am 17.11.2010.
[203] Vgl. Wuppertal Institut für Klima, Umwelt und Energie GmbH (Hrsg.) (2007), S. 38.
[204] Vgl. Deutscher Bundestag (Hrsg.) (2010), S. 1.
[205] Vgl. Steding et al. (Hrsg.) (2004), S. 32.

21000 mehr als zu Beginn des Jahres 2007 und entspricht einem Wachstum von 22,1 Prozent. Im selben Zeitraum wuchs die Car-Sharing-Flotte um 10,3 Prozent von 2900 auf 3200 Fahrzeuge an. Statistisch gesehen teilen sich damit durchschnittlich 36 Nutzer-/innen ein Car-Sharing-Fahrzeug. Die Fahrzeuge verteilen sich bundesweit auf ca. 1600 Car-Sharing-Stationen, das sind fast 150 Stationen mehr als noch Anfang 2007.[206] Insgesamt kann die Entwicklung des Car-Sharing damit bundesweit als sehr dynamisch angesehen werden.[207] Die folgende Abbildung verdeutlicht die jüngsten Entwicklungen bezüglich der Fahrberechtigten und der Car-Sharing-Fahrzeuge in Deutschland noch einmal graphisch.

Abb. 19: Entwicklung des Car-Sharing in Deutschland

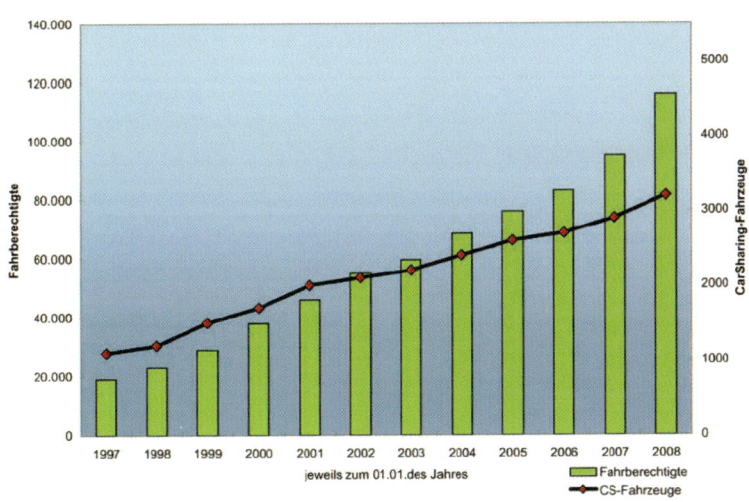

Quelle: BUNDESVERBAND CARSHARING E. V. (Hrsg.) (2008): Jahresbericht 2007, Hannover, S. 2

Neben einer Tendenz zur Ausweitung der Aktivitäten hin zu einem umfassenden Mobilitätsdienstleister, wird als zentrales neues Geschäftsfeld das Car-Sharing für Geschäftskunden gesehen.[208] Für einige Betriebe, Verwaltungen, Agenturen und Organisationen sind Car-Sharing-Fahrzeuge zu einer Mobilitätsalternative geworden, auf die deren Mitarbeiter bei Kapazitätsengpässen im eigenen Fuhrpark oder auch

---

[206] Vgl. Bundesverband CarSharing e.V. (Hrsg.) (2008a), S. 2.
[207] Vgl. Steding et al. (Hrsg.) (2004), S. 32.

81

generell als Ersatz für eigene Dienstwagen bei Dienstfahrten zugreifen.[209] In einer Umfrage des Bundesverband CarSharing e.v. bei Car-Sharing-Anbietern, die 75 Prozent aller Fahrberechtigten im deutschen Car-Sharing repräsentieren, wurde herausgestellt, dass ca. 23 Prozent aller Fahrberechtigten im Car-Sharing den Zugang zum organisierten Autoteilen als Business-Kunden finden. Aus Sicht der Car-Sharing-Anbieter ist eine ausgewogene Mischung an privaten und geschäftlichen Kunden als positiv zu bewerten. Der Vorteil liegt dabei vor allem in den sich ergänzenden Nutzungszeiten und der höheren Auslastung der Fahrzeuge begründet. Während die Geschäftskunden die Fahrzeuge vorwiegend tagsüber an den Werktagen benötigen, liegen die Auslastungsspitzen der privaten Kunden in den Abendstunden und an den Wochenenden. Als eine erfolgversprechende Entwicklung kann auch die in den letzten Jahren verstärkte Zusammenarbeit mit Anbietern des öffentlichen Verkehrs gesehen werden.[210] Die Kooperationen zwischen den öffentlichen Verkehrsbetrieben und Car-Sharing-Anbietern sind dabei äußerst vielschichtig und unterliegen einer starken Dynamik, weil sowohl die ÖPNV-Unternehmen, als auch die Car-Sharing-Anbieter einem starken organisatorischen und konzeptionellen Umbruch unterliegen. Hinsichtlich der Zusammenarbeit gibt es in der Organisation auf bundesdeutscher Ebene, sowie im Angebot eine Vielzahl von Modellen, bei denen ÖPNV-Kunden vergünstigt Car-Sharing-Angebote in Anspruch nehmen können und umgekehrt.[211]

5.2.3 Car-Sharing-Angebot

Im Rahmen des vom Bundesministerium für Wirtschaft und Technologie geförderten Forschungsvorhabens zur Zukunft des Car-Sharing in Deutschland [212], wurden unter anderem die Produkte der derzeitigen CSO untersucht. Dabei zeigt sich, dass die Flotten der CSO sich zumeist aus Microcars und Kleinwagen zusammensetzen, rund ein Drittel stellen die Mittelklassewagen. Die jüngsten Entwicklungen lassen jedoch ein gewisses Upsizing erkennen. Zunehmend bieten die Car-Sharing-Anbieter ihren Kunden neben den Kleinwagen, Kombis und Transportern auch Limousinen der

---

[208] Vgl. Wuppertal Institut für Klima, Umwelt und Energie GmbH (Hrsg.) (2007), S. 38.
[209] Vgl. Bundesverband CarSharing e.V. (Hrsg.) (2008a), S. 3f.
[210] Vgl. unter anderem Huwer (2003), S. 153.
[211] Vgl. Steding et al. (2004), S. 40.
[212] Vgl. Wuppertal Institut für Klima, Umwelt und Energie GmbH (Hrsg.) (2007), S. 38.

Mittelklasse und teilweise sogar Sportwagen an. Inzwischen sind sogar Oberklasse-Fahrzeuge und Cabriolets verfügbar. Die Dominanz liegt jedoch weiterhin bei den Microcars und den Kleinwagen. Trotz des Schwerpunkts im Bereich der Kleinwagen, ist der Anteil der Fahrzeuge mit alternativen Antriebstechnologien derzeit noch gering.

Hinsichtlich des Tarifsystems ist eine zunehmende Vereinfachung bei gleichzeitiger stärkerer Abstimmung auf die unterschiedlichen Bedürfnisse der verschiedenen Kundentypen auszumachen. Ein wesentliches Unterscheidungsmerkmal bzgl. der Tarifsysteme, ergibt sich aus dem Ausmaß, in dem die Fixkosten variabilisiert werden. Generell gilt, dass mit sinkenden Fixkosten und steigenden variablen Kosten die Vorteile für Wenigfahrer steigen, die für Vielfahrer hingegen sinken.

Seit der Jahrtausendwende hat sich die Qualität des Car-Sharing in Deutschland deutlich erhöht. Die zunehmende Professionalität der Car-Sharing-Anbieter hat dabei insbesondere verbesserte Zugangssysteme hervorgebracht, die ein weniger aufwändiges und flexibleres Handling ermöglichen. Zusätzlich erlaubt der Einsatz moderner IuK-Technologien, wie bspw. das Internet, eine vereinfachte Buchung und Abrechnung.[213] Auch die Möglichkeiten der Kunden, Car-Sharing städteübergreifend zu nutzen bzw. auf das Angebot anderer Car-Sharing-Anbieter zurückgreifen zu können, wurden erheblich erweitert und die Schnittstellen zum ÖPNV wurden ausgebaut. Diese Entwicklungen dürfen jedoch nicht darüber hinweg täuschen, dass man in Deutschland von einem einheitlichen System der Quernutzung noch weit entfernt ist. Sowohl für den Anbieter, als auch für den Kunden ist die Nutzung anderer Car-Sharing-Systeme noch immer mit einem hohen Aufwand verbunden.[214] Die Entstehung einiger Großanbieter und Verbünde hat jedoch zu einer gewissen Standardisierung des Angebots geführt, ein einheitlicher Auftritt steht bisweilen jedoch noch weitestgehend aus.[215] Als zentraler Mangel des derzeitigen Angebots wird die noch immer fehlende Möglichkeit der One-Way-Fahrten und die kaum vorhandene Möglichkeit von Open-End-Buchungen gesehen, was mit Sicherheit zwei Aspekte sind, die dazu beitragen, dass es bisher noch nicht gelungen ist, das auf mehrere Millionen potentielle Nutzer geschätzte Marktpotential in gehofftem Umfang zu erschließen.[216]

---

[213] Vgl. Wilke (2004a).
[214] Vgl. Behrendt (2000), S. 13.
[215] Vgl. Wuppertal Institut für Klima, Umwelt und Energie GmbH (Hrsg.) (2007), S. 38f.
[216] Vgl. Wilke (2002),S. 71.

5.2.4 Praktischer Ablauf

Das Konzept des Car-Sharing ist bei allen Anbietern gleich: Der Nutzer schließt mit dem jeweiligen Anbieter einen Rahmenvertrag ab oder wird Mitglied in einem Verein. Oftmals wird dabei eine Aufnahmegebühr, ein Beitrag für die Versicherung, sowie eine Kaution fällig. Die Buchung der Fahrzeuge erfolgt telefonisch oder via Internet. Die Car-Sharing-Anbieter arbeiten zu diesem Zweck mit Buchungszentralen zusammen, die einen Überblick darüber haben, welches Fahrzeug in welchem Zeitraum gebucht bzw. frei ist. Die meisten Anbieter bieten Nutzungsdauern ab einer Stunde an, vereinzelt kommt aber auch eine halbstündige Nutzung in Betracht. In neun von zehn Fällen kann der Kunde damit rechnen, dass er das gewünschte Fahrzeug zum gewünschten Zeitpunkt reservieren kann, wobei die Wahrscheinlichkeit umso größer ist, je früher der Kunde den Reservierungswunsch übermittelt.[217] Schon bei der Buchung muss der Kunde in der Regel angeben, wie lange er das Fahrzeug nutzen will. Die Möglichkeit von Open-End-Buchungen, bei denen vor Fahrtantritt keine Festlegung auf das Buchungsende stattfindet, ist bisher eher die Ausnahme.[218] Schließlich muss der Kunde noch einen Tarif auswählen, der sich aus zwei Komponenten - den Zeit- und Kilometerkosten - errechnet. Vielfahrer erhalten meist Vergünstigungen und auch Besitzer von Jahreskarten des öffentlichen Nahverkehrs genießen bei einigen Anbietern gewisse Vorteile. Der Kunde erhält anschließend ein sog. Zugangsmedium für die Fahrzeuge des Anbieters, wie beispielsweise eine elektronische Karte, mit der sich das Auto öffnen lässt oder den Schlüssel zu einem Tresor, in dem die Fahrzeugschlüssel, sowie die notwendigen Benutzerunterlagen, die Nutzungsbedingungen und häufig eine kurze Einführung lagern.[219] Tanken müssen die Kunden die Fahrzeuge in der Regel nur, wenn der Tank fast leer ist. Die Spritkosten sind in der Regel bereits im Tarif enthalten, wodurch keine Extrakosten anfallen. Bezahlt wird dabei meist mit einer im Fahrzeug befindlichen Tankkarte oder die Nutzer erhalten die Kosten mit einer Monatsrechnung

---

[217] Vgl. Bundesverband CarSharing e.V (Hrsg.) (2010), abrufbar unter http://www.carsharing.de/index.php?option=com_content&task=view&id=98&Itemid=148#Nutzung1, Zugriff am 17.11.2010.
[218] Als Beispiel sei an dieser Stelle auf den Car-Sharing-Anbieter Cambio verwiesen, wo in ausgewählten Städten die Möglichkeit besteht gegen einen Tarifaufschlag Open-End-Buchungen vorzunehmen.
[219] Vgl. Groll (2010), abrufbar unter http://www.zeit.de/auto/2010-06/carsharing-ueberblick, Zugriff am 17.11.2010.

zurückerstattet.[220] Die Rückgabe des entsprechenden Fahrzeugs erfolgt am selben Stellplatz bzw. der selben Station, an der es zuvor abgeholt wurde, d.h. es sind bisher (wie zuvor erwähnt) noch keine One-Way-Fahrten möglich, was insbesondere mit der Kostenintensität der Fahrzeugüberführungen begründet wird.[221]

5.2.5 Car-Sharing-Anbieter der Gegenwart: Das Fallbeispiel Deutsche Bahn AG

Das Projekt „DB Car-Sharing der deutschen Bahn" der Deutschen Bahn AG startete im Dezember 2001 mit Pilotvorhaben in Frankfurt am Main und Berlin, innerhalb weniger Wochen folgten Erfurt, Halle, Leipzig, Rostock, Wittenberg, Darmstadt Wiesbaden und Mainz. DB Car-Sharing ist mit der Zielsetzung auf den Markt getreten, durch eine Vereinheitlichung und Wiedererkennbarkeit des Auftritts Zugangshemmnisse möglichst niedrig zu halten, einen hohen technischen Standard, sowie moderne und kundenorientierte Systemtechnik anzubieten, um so neue Kundengruppen zu werben, die bisher von den anderen CSO nicht erreicht werden konnten.[222] Inzwischen umfasst das Car-Sharing-Angebot der Deutschen Bahn AG europaweit mehr als 1600 Stationen in 550 Städten und Gemeinden an denen Fahrzeuge unterschiedlicher Klassen zur Verfügung stehen.[223] In Deutschland stehen Fahrzeuge in über 130 Städten an zahlreichen Bahnhöfen und mitten in Städten bereit (vgl. Abb. 20).

---

[220] Vgl. Groll (2010), abrufbar unter http://www.zeit.de/auto/2010-06/faq-carsharing, Zugriff am 17.11.2010.
[221] Vgl. Bundesverband CarSharing e.V (Hrsg.) (2010), abrufbar unter http://www.carsharing.de/index.php?option=com_content&task=view&id=98&Itemid=148#Nutzung1, Zugriff am 17.11.2010.
[222] Vgl. Loose et al. (2004), S. 34f.
[223] Vgl. hierzu und im Folgenden Deutsche Bahn AG (2010).

Abb. 20: Übersicht Car-Sharing-Stationen der Deutschen Bahn AG in Deutschland

Quelle: DEUTSCHE BAHN AG (Hrsg.) (2010): Übersichtskarte, abrufbar unter
http://www.dbcarsharingbchung.de/kundenbuchung/process.php?proc=stadtauswahl
&f=3&&key=d0c7df12cc1bf146f46528636320c723...00006&f=3, Zugriff am
24.11.2010

Um Kunde des Car-Sharing der Deutschen Bahn AG zu werden, ist es ausreichend sich
bei Abschluss der Fahrzeug-Buchung online zu registrieren. Vor der ersten Fahrt erhält
der Kunde mit dem Vertragsabschluss und der Dokumentenprüfung in einer der Ver-
triebsstellen seine persönliche Kundenkarte. Mit dieser kann der Kunde die Fahrzeuge
öffnen, die Autoschlüssel befinden sich im Handschuhfach oder in einem Tresor, der
sich ebenfalls mit der Kundenkarte öffnen lässt. Die Rückgabe erfolgt an der Station, an
der das Fahrzeug ausgeliehen wurde, wo der Kunde das Fahrzeug mit Hilfe seiner
Kundenkarte wieder verriegelt. Ungefähr zwei Wochen nach seiner Fahrt wird dem
Kunden seine Rechnung, wahlweise per Mail oder per Post zugestellt.

Bezüglich der Fahrzeuge können die Kunden des Car-Sharing-Angebots der Deutschen
Bahn AG vom Smart bis zu einem Audi A6 in jeder Fahrzeugklasse zwischen zahlreichen Modellen wählen. Daneben werden eine Reihe unterschiedlicher Transportfahr-
zeuge, sowie Cabriolets angeboten. Die Preise variieren dabei in Abhängigkeit von

verschiedenen Faktoren.[224] Angefangen bei der Kundenkarte müssen Kunden, die nicht im Besitz einer Bahncard sind einmalig 99 EUR bezahlen. Inhaber einer Bahncard bzw. bahn.comfort-Kunden bezahlen hingegen 69 EUR bzw. 49 EUR inklusive eines Fahrtguthabens in Höhe von 25 EUR. Hinzu treten die Mietpreise für das jeweilige Fahrzeug, die in Stunden- und Tagespreise, sowie Monatsmieten aufgeteilt sind. Der Preis für die stundenweise Mietung von Fahrzeugen variiert weiterhin je nach Uhrzeit. Während die Preise zwischen 20 Uhr und 8 Uhr über alle Fahrzeugklassen hinweg bei 1,90 EUR liegt, reichen diese im Zeitraum von 8 Uhr bis 20 Uhr von 1,90 EUR für einen Smart fortwo bis hin zu 8,90 EUR für ein Fahrzeug der Van- oder Busklasse.[225] Bei einer tagweisen Anmietung liegen die Preise in einem Bereich von 45,60 EUR (Smart fortwo) bis 109 EUR (Oberklasse, z.B. 5-er BMW, Audi A6), wobei die täglichen Kosten umso geringer sind, je mehr Tage das Fahrzeug ausgeliehen wird. Eine Ausnahme bildet in diesem Zusammenhang der Smart fortwo, der auch ab dem fünften Tag noch 45,60 EUR/Tag kostet und zudem nicht monatlich ausgeliehen werden kann. Alle anderen Fahrzeuge können zu einem Preis von 593,81 EUR (Miniklasse, z.B. Fiat 500) bis zu 1367,31 EUR (Oberklasse) für einen ganzen Monat ausgeliehen werden. Bei allen bisher genannten Kosten handelt es sich jedoch lediglich um die Zeitkosten. Hinzu kommen die Kilometerkosten die – in Abhängigkeit von der Fahrzeuglasse – zwischen 0,16 EUR und 0,21 EUR variieren.[226] Daneben existiert eine Reihe weiterer Gebühren, bspw. für den Verlust der Kundenkarte, sowie den Einsatz eines Servicetechnikers und auch im Falle eines Unfalls entstehen dem Kunden weitere Kosten. Die reguläre Selbstbeteiligung im Schadensfall beträgt 1.500 EUR, kann bei Buchung eines Sicherheitspaketes zum Preis von 90 EUR pro Jahr jedoch auf 300 EUR abgesenkt werden, wodurch auch die sonst fällige Unfallbearbeitungspauschale entfällt.

Eine Besonderheit bietet die Deutsche Bahn AG ihren Car-Sharing-Kunden mit dem Elektromobilitätsprojekt „e-Flinkster" an. In den Städten Berlin, Frankfurt und Saarbrücken stehen den Kunden mit Unterstützung des Bundesministeriums für Verkehr, Bau und Stadtentwicklung, sowie der Modellregion Elektromobilität Berlin/Potsdam, neben den bestehenden Fahrzeuge, zusätzlich drei unterschiedliche Elektroautos zur Verfü-

---

[224] Siehe Anhang C, Preisliste Car-Sharing-Angebot Deutsche Bahn AG.
[225] In der Oberklasse, sowie einer spezifischen Transportklasse ist die stundenweise Anmietung nicht möglich, Preise für die Sonderklasse nach Angebot.
[226] Die Kilometerkosten der Sonderklasse richten sich ebenfalls nach Angebot.

gung. Weitere Städte sollen folgen. Durch die verminderten Abgas- und CO2-Emissionen und die fehlenden Motorgeräusche, ergibt sich insbesondere bei kurzen Strecken und im Stadtverkehr die Möglichkeit einer umweltfreundlichen Mobilität. Der Ablauf bei Buchung und Rückgabe ändert sich dabei nicht. Bereits bei der Buchung kann der derzeitige Ladezustand des entsprechenden Fahrzeugs abgerufen werden, das Nachladen erfolgt an öffentlichen Elektrostationen oder an jeder Steckdose. Bei voller Akkuladung liegt die Mindestreichweite der Fahrzeuge bei 100 km, die Kosten bei 1,90 EUR pro Stunde aufwärts. Für den reibungslosen Ablauf bei der Bedienung und beim Aufladen der Fahrzeuge, stehen den Kunden Kurzanleitungen und Bedienungshinweise im Internet zum Herunterladen zur Verfügung.

5.3 Car-Sharing in Deutschland: Die Nachfrageseite

Die Entwicklung von Car-Sharing ist gleichermaßen von der Angebots- und der Nachfrageseite abhängig. Nachdem im vorangegangenen Abschnitt der derzeitige Entwicklungsstand der Angebotsseite näher untersucht wurde, widmet sich der folgende Abschnitt der Kundenseite. Es bestehen bereits zahlreiche Studien und empirische Untersuchungen, die Hinweise auf das Nutzerverhalten und die Motive zur Nutzung von Car-Sharing geben (unter anderem BAUM/PESCH (1994), PETERSEN (1995), BEHRENDT (2000), STEDING et al. (2004), WUPPERTAL INSTITUT FÜR KLIMA; UMWELT UND ENERGIE (2007)). Im Folgenden wird unter Bezug auf diese Studien und Untersuchungen die Nachfrageseite des Car-Sharing untersucht, indem die Nutzer- bzw. Zielgruppe, sowie die Motive für die Nutzung herausgestellt werden.

5.3.1 Nutzergruppe

Die Nutzer von Car-Sharing unterscheiden sich hinsichtlich soziodemographischer Merkmale vom Bevölkerungsdurchschnitt. Laut STEDING et al. (2004) gehören die Car-Sharing-Nutzer einem sozialstrukturell relativ homogenen Milieu an, das bezüglich schulischer Bildung, beruflicher Stellung, Haushaltseinkommen und demographischer

Merkmale ein markantes Sozialprofil aufweist.[227] In der Regel handelt es sich bei den Car-Sharing-Kunden demzufolge um Personen mit einem weit überdurchschnittlichen Schul- und Ausbildungsniveau. Zwischen 80 und 90 Prozent der Mitglieder verfügen über eine (Fach-)Hochschulreife und bilden so die dominante Kundengruppe. Die Mehrzahl der Mitglieder arbeitet im Angestelltenverhältnis, besonders in pädagogisch-sozialen Berufen, Arbeiter-/innen sind dagegen kaum anzutreffen und machen lediglich einen Anteil von etwa drei Prozent aus. Dementsprechend verwundert es auch nicht, dass die Einkommen in der Mehrheit im mittleren bis gehobenen Bereich liegen und sich in der Tendenz eher über dem Bundesdurchschnitt bewegen.[228] Car-Sharing wird vorwiegend von männlichen Autofahrern in der Altersgruppe von der 25 bis 40 Jahren genutzt. Die jüngeren Gruppen von 18 bis 25 Jahren, sowie die älteren Gruppen ab 40 Jahren sind dagegen stark unterrepräsentiert. Die Car-Sharing-Nutzer kommen dabei überwiegend aus Single- und Zwei-Personen-Haushalten und unterscheiden sich diesbezüglich vom Durchschnitt der Führerscheinbesitzer, woraus sich schlussfolgern lässt, dass die Teilnahme am Car-Sharing als Alternative zum Privat-Pkw in der Regel insbesondere für kleinere Haushalte geeignet ist. Bei größeren Haushalten kann Car-Sharing eher als Ergänzung und damit als Zweitwagenersatz angesehen werden. Als typisch gilt für Car-Sharing-Nutzer weiterhin, dass sie gegenüber ökologischen Themen zumeist sensibilisiert sind und im Vergleich zur Gesamtbevölkerung ein hohes Umwelt-bewusstsein aufweisen, was sich unter anderem bei der täglichen Verkehrsmittelwahl wiederspiegelt. Generell gelten Car-Sharing-Kunden als besonders ÖPNV affine Kunden, die, gemäß einer Untersuchung des Münchner Verkehrsverbundes, dreimal so häufig Zeitkarten Nutzen, wie der Rest der Bevölkerung.[229] Mit dem Beitritt in eine Car-Sharing-Organisation erhöht sich der Mobilitätsanteil im öffentlichen Verkehr sogar und die durchschnittliche Autoverkehrsleistung, die schon vor dem Beitritt in eine CSO relativ gering ist, nimmt danach noch weiter ab. In der Regel sind Car-Sharing-Kunden jedoch schon vor ihrem Beitritt Nutzer des öffentlichen Verkehrs, fahren mit dem

---

[227] Vgl. hierzu und im Folgenden Huwer (2004), S. 82, Steding et al. (Hrsg.) (2004), S. 32f, Behrendt (2000), S. 31.
[228] Vgl. unter anderem Petersen (1995), S. 169ff, Wuppertal Institut für Klima, Umwelt und Energie GmbH (Hrsg.) (2007),S. XIX.
[229] Vgl. Krietemeyer (1997), S. 14ff .

Einstieg in das Car-Sharing jedoch noch häufiger mit diesen Verkehrsmitteln.[230] Diesen
Trend belegen auch weitere Untersuchungen aus Dresden, Bremen und der Schweiz.[231]

5.3.2 Motive für die Nutzung

Die Nachfrage nach Car-Sharing ergibt sich aus unterschiedlichen Bedürfnissen der
Teilnehmer-/innen. Nach der im Jahr 1994 von BAUM und PESCH veröffentlichten
Befragung aktiver deutscher Car-Sharing-Nutzer, zeigt sich, dass Umweltschutzaspekte
ein Hauptgrund für die Teilnahme am Car-Sharing darstellen.[232] Dies bestätigt die
gängige Ansicht, dass Car-Sharing-Nutzer ein hohes Umweltbewusstsein besitzen und
zum großen Teil aus einer ökologisch orientierten Grundhaltung handeln.

Tab. 8: Hauptmotive für die Teilnahme am Car-Sharing[233]

Beitrittsgründe	Car-Sharing-Nutzer in %
Umweltschutzaspekte	70,7%
Ergänzung zum ÖV	43,3%
Eigener Pkw zu teuer	38,7%
Seltene Pkw-Nutzung	27,6%
Parkprobleme für eigenen Pkw	17,3%
Bessere Pkw-Verfügbarkeit	5,1%

Quelle: BAUM/PESCH (1994): Untersuchung der Eignung von Car-Sharing im Hinblick auf die Reduzierung von Stadtverkehrsprobleme, Köln, S. 87

Das am zweithäufigsten genannte Motiv für die Teilnahme am Car-Sharing war mit 43,3
Prozent eine Ergänzung zum öffentlichen Verkehr. Dieses Ergebnis bestätigt die
Aussage von PETERSEN (1995), der in seiner Veröffentlichung eine Angebotslücke
zwischen dem jederzeit verfügbaren privaten Pkw und dem noch stark reglementierten
ÖPNV ausmacht, die mit Car-Sharing geschlossen werden kann.[234]

---

[230] Vgl. Steding et al. (Hrsg.) (2004), S. 42.
[231] Vgl. WZB (Hrsg.) (2001), S. 53.
[232] Vgl. Baum/Pesch (1994), S. 87.
[233] Anmerkung: Die Summe ist größer als 100%, da zwei Nennungen pro TeilnehmerIn möglich waren.
[234] Vgl. Petersen (1995), S. 59ff.

Mit 38,7 Prozent hat auch das Kostenmotiv („eigener Pkw zu teuer") einen deutlichen Einfluss auf die Entscheidung für Car-Sharing. In der Literatur finden sich diesbezüglich unterschiedliche Werte, bis zu welcher Jahreskilometerleistung die Nutzung von Car-Sharing ökonomisch gesehen günstiger ist, als die Nutzung eines eigenen Fahrzeugs. Da die Kosten bei Car-Sharing nicht nur von der Entfernung, sondern auch von der Dauer der Fahrzeugnutzung abhängen und der finanzielle Vorteil wiederum von den Kosten des zu ersetzenden Fahrzeugs abhängen, kann der sog. Break-even-Point nicht genau benannt werden.[235] Laut dem Bundesverband CarSharing e. V., wirkt sich der Kostenvorteil bei der Nutzung von Car-Sharing im Durchschnitt bis zu einer Jahresfahrleistung von 10000 km aus, sofern das Fahrzeug nicht jeden Tag benötigt wird.[236] FRANKE und STUTZBACH (2001) hingegen beziffern die Jahresfahrleistung, ab der die Nutzung des eigenen Fahrzeugs kostengünstiger ist auf 9000 km, sofern das Fahrzeug mehr als elfmal im Monat genutzt wird.[237] Begründen lässt sich der Kostenvorteil des Car-Sharing in diesem Bereich mit der Aufteilung der Fixkosten eines Fahrzeugs auf mehrere Personen/Nutzungsvorgänge.[238] Unter der Annahme, dass die Nutzung von Car-Sharing tatsächlich bis zu einer Jahresfahrleistung von 10000 km gegenüber der Nutzung des eigenen Fahrzeugs Kostenvorteile aufweist, wäre damit unter rein ökonomischen Gesichtspunkten bei knapp der Hälfte der Fahrzeuge in Deutschland die Nutzung eines Car-Sharing-Fahrzeugs günstiger bzw. in den Fällen, die dicht an den Break-even-Point herankommen, nicht teurer.[239]

Als weitere, jedoch weniger häufig genannte Motive gaben die Befragten eine seltene Pkw-Nutzung, Parkprobleme mit dem eigenen Pkw, sowie eine bessere Pkw-Verfügbarkeit an. Inzwischen wurde jedoch übereinstimmend in mehreren Studien herausgestellt, dass das ökologische Motiv zur Nutzung von Car-Sharing an Bedeutung verloren hat.[240] In einer Befragung des Wuppertaler Instituts für Klima, Umwelt und Energie von verschiedenen CSO, sehen diese, ökologische Teilnahmemotive als rückläufig, ökonomische Gründe hätten hingegen weiter an Bedeutung gewonnen. Fast

---

[235] Vgl. Loose et al. (2004), S. 88.
[236] Vgl. Bundesverband CarSharing e.V. (Hrsg.) (2008a), S. 3 .
[237] Vgl. Franke/Stutzbach (2001), Beitrag 3.4.16.1.
[238] Vgl. Bundesverband CarSharing e.V. (Hrsg.) (2008a), S. 3.
[239] Vgl. Loose et al. (2004), S. 133f.
[240] Vgl. Behrendt (2000), S. 29.

zwei Drittel der befragten CSO sehen auch beim Motiv „Car-Sharing als Ergänzung zum ÖPNV" eine Steigerung.[241]

BEHRENDT (2000) argumentiert weiter, dass sich abgesehen von dieser generellen Motivlage, die Beweggründe an einer CSO teilzunehmen, in Abhängigkeit von der Ausgangssituation des Kunden vor Beitritt unterscheiden und unterteilt die Personen, die einer CSO beitreten, in drei Typen:[242]

Autoaufgeber

Dabei handelt es sich um Personen, die ihr eigenes Fahrzeug vor Beitritt in eine CSO verkauft haben. Car-Sharing stellt für sie eine Alternative dar, weil das Fahrzeug nicht regelmäßig benötigt wird. Die wichtigsten Gründe für diese Personen, einer CSO beizutreten, sind die Kosten und der Service, wodurch die Notwendigkeit entfällt, sich um die Versicherung und Wartung der Fahrzeuge zu kümmern.

Neueinsteiger

Sie verfügen vor ihrem Beitritt zu einer CSO über kein eigenes Fahrzeug. Neueinsteiger betrachten Car-Sharing somit als eine neue Mobilitätsoption, die als Ergänzung zum öffentlichen Verkehr fungiert und mit keinen größeren Investitionen verbunden ist.

Zusatznutzer

Sowohl vor, als auch nach dem Beitritt zu einer CSO verfügen Zusatznutzer über ein Fahrzeug. Car-Sharing dient für diesen Nutzerkreis als eine Alternative zu einem Zweit- oder Dritt-Fahrzeuges.

---

[241] Vgl. Wuppertal Institut für Klima, Umwelt und Energie GmbH (Hrsg.) (2007), S. 40.
[242] Vgl. Behrendt (2000), S. 30.

92

6 Nachhaltigkeitsanalyse des Car-Sharing

Mit Hilfe den vorangegangenen Untersuchungen zum Thema Car-Sharing und dem in Kapitel 4.5 erarbeiteten Bewertungsinstrument, dient dieses Kapitel der differenzierten Nachhaltigkeitsanalyse des Car-Sharing. Das Verkehrskonzept Car-Sharing wird zu diesem Zweck entlang der drei Dimensionen der Nachhaltigkeit auf die einzelnen Kriterien hin untersucht, um schlussendlich herauszustellen, ob Car-Sharing im Sinne des zuvor aufgezeigten Nachhaltigkeitsverständnisses einen positiven Einfluss auf dem Weg zu einer nachhaltigen Entwicklung hat. Daneben erlaubt dieses Vorgehen die Identifikation von Bereichen, in denen evtl. noch Handlungsbedarf besteht.

Mit Hilfe des entwickelten Bewertungsinstruments, wird hierfür zunächst die ökologische Dimension untersucht, gefolgt von der ökonomischen und der sozialen Dimension. Auf Grund der Tatsache, dass Nachhaltigkeit nicht absolut definiert werden kann, sondern einen Bezugspunkt benötigt, erfolgt die Bewertung in Relation zur derzeitigen Lösung, d.h. zum privaten bzw. eigenen Fahrzeug, die als nicht nachhaltig angesehen wird (vgl. Kap 4.3).

6.1 Car-Sharing in der ökologischen Dimension der Nachhaltigkeit

6.1.1 Ressourcen und Energie

Die Herstellung, sowie der Betrieb von Personenkraftwagen erfordert Energie und Ressourcen. Daraus folgt, dass umso weniger Ressourcen und Energie verbraucht werden, je weniger Fahrzeuge hergestellt werden und je weniger diese genutzt werden.

Car-Sharing führt zu einer Reduzierung des Fahrzeug- und Verkehrsaufkommens, weil es den Fahrzeugbestand pro geteilten Pkw reduziert.[243] Die Zahl der durch ein Car-Sharing-Fahrzeug ersetzten Privat-Pkw wird in der Literatur sehr unterschiedlich angegeben und reicht von 3,89 [244] bis hin zu 8,56 [245] substituierten Pkw je Car-Sharing-Fahrzeug. KOSS (2002) hat basierend auf den Daten aus dem Jahr 2000 ein Berech-

---

[243] Vgl. Steding et al. (Hrsg.) (2004), S. 35.
[244] Vgl. Petersen (1995), S. 194.
[245] Vgl. Wiederseiner (1993), S. 17.

nungsschema des Bestandseffekts erarbeitet und kam dabei auf eine Reduzierung des Pkw-Bestands um 7,5 Fahrzeuge je Car-Sharing-Fahrzeug.[246] Auf Basis der Annahme, dass die derzeitige Car-Sharing-Flotte in Deutschland etwa 3200 Fahrzeuge zählt [247], werden heute bereits 24000 private Fahrzeuge durch 3200 Car-Sharing-Fahrzeuge ersetzt, wodurch sich eine Nettoreduktion von 20800 Fahrzeugen ergibt. Folglich werden entsprechend weniger Fahr- und Parkflächen benötigt, wodurch die Parkplatz- und Stausituation entspannt und zusätzlich der Parksuchverkehr vermindert wird.[248] Der Bedarf eines einzelnen Fahrzeugs an Fahr- und Parkfläche wird in der Literatur mit mindestens 160 m² angegeben.[249] Rechnet man diese Zahl auf die derzeit in Deutschland bereits durch das Car-Sharing netto eingesparten 20800 Fahrzeuge hoch, so können schon heute rund 3,33 Mio. m² an Fläche anderen Zwecken gewidmet werden. Die allgemeinen Flächeneinspareffekte durch das Car-Sharing bleiben jedoch solange rein theoretischer Natur und spiegeln sich nicht im Stadtbild wieder, solange sie nicht zur Begründung verkehrspolitischer und städtebaulicher Strategien genutzt werden.[250] Erst wenn Car-Sharing beim Neubau von Siedlungen oder Straßen berücksichtigt wird, ergibt sich ein großes Potential an Flächeneinsparungen.

Bezüglich des Energieverbrauchs muss zwischen Energieaufwand für die Herstellung und der Nutzung unterschieden werden. Herstellungsseitig werden Energie, als auch Rohstoffe dadurch eingespart, dass auf Grund der geteilten Nutzung ein geringerer Fahrzeugbestand erforderlich ist und dementsprechend weniger Fahrzeuge produziert werden müssen.[251] Ungefähr 15 bis 20 Prozent der Energie eines Autolebens wird für seine Herstellung benötigt, da Förderung, Transport und Veredlung von Rohstoffen Energie benötigen.[252] Die größere Energieeinsparung erfolgt jedoch während der Nutzungsphase durch den vermehrten Einsatz energieeffizienter Verkehrsmittel (Öffentlicher Verkehr, Fahrrad, zu Fuß) bei einer gleichzeitigen Verringerung der Pkw-Fahrleistung. So wurde in mehreren empirischen Untersuchungen herausgestellt, dass die Car-Sharing-Teilnehmer mit zunehmender Mitgliedsdauer immer weniger Auto

---

[246] Vgl. Koss (2002), S. 224ff.
[247] Vgl. Bundesverband CarSharing e.V. (Hrsg.) (2008a), S. 2.
[248] Vgl. Glotz-Richter et al. (2007), S. 333.
[249] Vgl. Koss (2002), S. 241.
[250] Vgl. Wuppertal Institut für Klima, Umwelt und Energie (Hrsg.) (2007), S. 167.
[251] Vgl. Behrendt (2000), S. 44.
[252] Vgl. Koss (2002), S. 229 .

fahren.[253] Zusätzlich sorgt das niedrige Durchschnittsalter der Car-Sharing-Flotte im Vergleich zu dem der Privatwagen, zu einer deutlich schnelleren Umsetzung der Umweltentlastungspotentiale von Neuwagen.[254] Verbrauchs- und abgasarme Fahrzeuge werden früher nachgefragt als im Nutzungszyklus von Privat-Pkw, wodurch umweltentlastende Innovationen bei entsprechenden Stückzahlen schneller den Markt durchdringen können.[255] Dieser Umstand wird auch am Fallbeispiel der Deutschen Bahn AG (Kap. 5.2.5) deutlich. Während die Anschaffung eines Elektrofahrzeugs zum privaten Gebrauch oftmals noch sehr skeptisch betrachtet wird und mit vielen Unsicherheiten einher geht, bietet die Deutsche Bahn AG seinen Car-Sharing-Kunden mit „e-Flinkster" gleich drei unterschiedliche Elektrofahrzeuge an. Allerdings nimmt die Deutsche Bahn AG damit eine Vorreiterrolle ein, weshalb der Einsatz erneuerbarer Energien bei den Car-Sharing-Fahrzeugen insgesamt derzeit noch keiner großen Bedeutung beigemessen werden kann. Dies könnte sich innerhalb der nächsten Jahre jedoch deutlich ändern. Der Bundesverband CarSharing e.V. geht davon aus, dass sich in Zukunft mehr alternativ angetriebene Fahrzeuge in den Car-Sharing-Flotten der Betreiber wiederfinden werden, sobald diese besser am Markt platziert sind.[256]

Die Reduzierung der Fahrzeuge wirkt sich ebenfalls auf die Entsorgungsmenge aus. Insgesamt summieren sich die Überbleibsel eines einzigen Kfz auf über 25 Tonnen Abraum, Schlacke, Schredder-Reste, Kohlenwasserstoffe, Kunststoffe etc.[257] Mit der netto Bestandsveränderung von 20800 Fahrzeugen, sorgt das Verkehrskonzept Car-Sharing schon heute für eine Reduzierung der Abfall- und Entsorgungsmenge um rund 520000 Tonnen (20800 Fahrzeuge x 25 Tonnen Abfall- und Entsorgungsmenge pro Fahrzeug).

---

[253] Vgl. Steding et al. (Hrsg.) (2004), S. 35, Petersen (1995), S. 267, Behrendt (2000), S. 44, Glotz-Richter et al. (2007), S. 333.
[254] Vgl. Glotz-Richter et al. (2007), S. 333.
[255] Vgl. Behrendt (2000), S. 43.
[256] Vgl. Bundesverband CarSharing e.V. (Hrsg.) (2008b),S. 5.
[257] Vgl. VCD e.V. (Hrsg.) (1993), S. 22.

6.1.2 Emissionen

Aus der Energiereduktion während der Herstellungs- und Nutzungsphase, ergeben sich geringere Luftschadstoff- und Treibhausgasemissionen. Eine im Jahr 2006 veröffentlichte schweizer Studie kommt zu dem Ergebnis, dass jeder aktive Car-Sharing-Teilnehmer in der Schweiz durch sein Verkehrsverhalten, d.h. die Gesamtheit aller Wege wird in erster Linie mit öffentlichen Verkehrsmitteln, dem Fahrrad oder zu Fuß bestritten, jährlich rund 290 kg CO_2-Emissionen einspart [258], was in etwa 2,8 Prozent der jährlichen Pro-Kopf-CO_2-Emissionen in Deutschland im Jahr 2003 oder 14,6 Prozent der jährlichen Pro-Kopf-CO_2-Emissionen im deutschen Verkehr ausmacht.[259] Neben der vermehrten Nutzung umweltfreundlicher Verkehrsträger, lässt sich dies insbesondere mit dem zuvor erwähnten niedrigen Durchschnittsalter der Car-Sharing-Flotte erklären, wodurch ökologieorientierte Fahrzeuginnovationen zügig umgesetzt werden. Car-Sharing-Fahrzeuge können so einen 16 Prozent niedrigeren spezifischen CO_2-Ausstoß aufweisen als der Durchschnitt der Pkw-Flotte.[260] Hierzu trägt auch bei, dass es sich bei einem Großteil der Car-Sharing-Fahrzeuge um Kleinwagen handelt, die oftmals deutlich niedriger motorisiert sind, als der Privat-Pkw und die Fahrzeuge je nach Nutzungsanforderung bzw. Mobilitätsanforderung ausgewählt werden können.[261] Rund 70 Prozent der Fahrzeuge in der Car-Sharing-Flotte sind in die Klassen der Klein- und Kleinstwagen einzuordnen.[262] Für Kurzstrecken werden eher Kleinwagen genutzt, für Einkaufsfahrten oder den Familienausflug am Wochenende hingegen größere, geräumigere Fahrzeuge, d.h. die Nutzer haben nicht mehr nur eine „Allzweck-Limousine" zur Verfügung, die für viele Fahrten zu groß, für andere wiederum zu klein ist, sondern sie können das für den jeweiligen Fahrtzweck optimale Fahrzeug wählen.[263]

Daneben hat insbesondere die Veränderung der Fahrleistung der Car-Sharing-Teilnehmer einen erheblichen Einfluss auf die Luftschadstoff- und Treibhausgasemissionen. KOSS (2002) hat diesbezüglich eine durchschnittliche Reduzierung der Fahrleistung jedes Car-Sharing-Teilnehmers um 3416 km pro Jahr errechnet.[264] Ausgehend von

---

[258] Vgl. Haefeli et al. (2006), S. 45.
[259] Vgl. Glotz-Richter et al. (2007), S. 333.
[260] Vgl. Bundesverband CarSharing e.V. (Hrsg.) (2008b), S. 4, Maertins (2006), S. 50.
[261] Vgl. Glotz-Richter et al. (2007), S. 333.
[262] Vgl. Bundesverband CarSharing e.V. (Hrsg.) (2008b), S. 4.
[263] Vgl. UBA (Hrsg.) (2009c) S. 8.
[264] Vgl. Koss (2002), S. 234ff.

einer Fahrleistung von 6921 km (10,8 Fahrten x 53,4 km x 12 Monate)[265] vor der Car-Sharing-Teilnahme, ergibt sich so eine Reduktionsquote von knapp 49,4 Prozent.[266] Hochgerechnet auf die 116000 Personen[267], die derzeit am Car-Sharing teilnehmen, ergeben sich so 396 Mio. Kilometer weniger pro Jahr. Geht man von durchschnittlich 165 g CO2 pro Kilometer aus, die ein in Deutschland neu zugelassener Pkw im Jahr 2008 emittiert hat[268], so ergibt sich eine jährliche Entlastung an CO2-Emissionen in Höhe von 65340 Tonnen. Analoges gilt für die anderen Luftschadstoffe: Durch die erhebliche Reduzierung der Fahrleistung werden sowohl Staub-, NMVOC-, SO2-, als auch NOx-Emissionen in bedeutendem Umfang reduziert.[269]

6.1.3 Natur und Landschaft

Neben der Entlastung bereits vorhandener Straßen, hat eine Reduzierung des Pkw-Bestands und der Fahrleistung zusätzlich Einfluss auf den Bau neuer Parkflächen und Straßen und der damit im Zusammenhang stehenden Landschaftszerschneidung mit ihren vielfältigen Folgen (vgl. Kap. 4.2.4). Die Bestandsreduzierung und Verringerung der Fahrleistung tragen dazu bei, dass der Verkehrsdruck nachlässt und der Neubau von Parkflächen und Straßen zur Entlastung der bestehenden Verkehrsflächen zumindest theoretisch vermieden werden kann.[270] Der Rückbau bestehender Straßen und Parkflächen wird von der Verfasserin jedoch als unrealistisch eingeschätzt. Durch die Abschaffung von einigen Fahrzeugen durch Car-Sharing werden nicht plötzlich Flächen entsiegelt oder anderweitig genutzt und es ist es fraglich, ob die durch das Car-Sharing (theoretisch) eingesparten Flächen im ökologischen Sinne umgebaut würden oder ob an diesen Stellen andere Versiegelungen, bspw. durch Industrie- oder Wohnbebauungen stattfänden.[271]

Eine Verringerung der Boden- und Gewässerbelastung ist jedoch in dem Maße möglich, als dass durch eine etwaige Verhinderung des Straßenneubaus bspw. Streusalz im

[265] Vgl. zu den Werten Baum/Pesch (1994), S. 107ff.
[266] Vgl. Koss (2002), S. 237, UBA (Hrsg.) (2009c), S. 8.
[267] Vgl. Bundesverband CarSharing e.V. (Hrsg.) (2008a), S. 2.
[268] Vgl. Vd Tüv (Hrsg.) (2010), abrufbar unter http://www.vdtuev.de/presse/tuevnachrichten/neu-zugelassene-pkw-stiesen-2008-durchschnittlich-165-gramm-co2-aus, Zugriff am 07.12.2010.
[269] Vgl. Koss (2002), S. 238.
[270] Vgl. Bundesverband CarSharing e.V. (Hrsg.) (2008a), S. 7, Huwer (2003), S. 12.
[271] Vgl. Koss (2002), S. 242.

Rahmen des Winterdienstes eingespart werden kann. Pro Jahr werden etwa 9,5 Tonnen Salz je zusätzlichem Straßenkilometer auf die Fahrbahn gebracht.[272] Werden weniger neue Fahrbahnen gebaut, so sinken die durch das Streusalz verursachten Belastungen an Grund und Boden zwar nicht, sie werden jedoch auch nicht weiter verstärkt. Kraft- und Schmierstoffverluste und damit im Zusammenhang stehende Belastungen, können durch die Reduzierung der Fahrleistung mit dem Pkw hingegen rein theoretisch reduziert werden.

6.1.4 Bewertung in der ökologischen Dimension

Insgesamt zeigt sich, dass Car-Sharing schon heute positive ökologische Effekte hat. Car-Sharing trägt direkt und indirekt zur Ressourcenschonung bei, indem der Energie- und Rohstoffverbrauch, sowie die Abfall-und Entsorgungsmenge verringert werden.[273] Daneben bewirkt Car-Sharing eine Reduzierung der Treibhausgas- und Luftschadstoffemissionen.

Im Bereich „Natur und Landschaft" hingegen, kann mit Hilfe von Car-Sharing zwar der Verkehrsdruck insbesondere in städtischen Bereichen gesenkt werden, die Landschaftszerschneidung mit ihren vielfältigen negativen Begleiterscheinungen wird sich dadurch jedoch realistisch gesehen nicht reduzieren, ebenso wie die Boden- und Gewässerbelastung durch Streusalz. Allenfalls kann bei der Erschließung eines entsprechenden Marktpotentials eine Verhinderung des Neubaus an Verkehrsflächen erhofft werden.

Überträgt man diese Einschätzungen in die Bewertungsmatrix, so ergibt sich folgendes Bild:

---

[272] Vgl. Greenpeace International (Hrsg.) (1991), S. 63.
[273] Vgl. Bundesverband CarSharing e.V. (Hrsg.) (2008b), S. 7.

Tab 9: Beurteilung des Car-Sharing in der ökologischen Dimension der Nachhaltigkeit

Bereich	Indikator		Bewertung +1 0 -1 bzw. keine Beurteilung möglich
Ökologie	Ressourcen und Energie	1. Veränderung des Ressourcenverbrauchs (Fläche, Rohstoffe)	+1
		2. Veränderung des Energieverbrauchs (Herstellung, Betrieb)	+1
		3. Veränderung des Einsatzes erneuerbarer Energien	0
		4. Veränderung der Abfall- und Entsorgungsmenge	+1
	Emissionen	5. Veränderung der Emission von Treibhausgasen (CO_2, CH_4, N_2O, SF_6, FKW/PFC, H-FKW/HFC)	+1
		6. Veränderung der Emission anderer Luftschadstoffe (Staub, NMVOC, SO_2, NO_x)	+1
	Natur und Landschaft	7. Veränderung der Landschaftszerschneidung und dessen Folgen	0
		8. Veränderung der Bodenversiegelung	0
		9. Veränderung der Boden- und Gewässerbelastung	0

Quelle: Eigene Darstellung

Bei der Durchführung der Durchschnittsberechnung ergibt sich ein Wert von 0,56 (5:9). Daraus folgt, dass Car-Sharing in der ökonomischen Dimension der Nachhaltigkeit einen positiven Beitrag zu einer nachhaltigen Entwicklung leistet.

6.2 Car-Sharing in der ökonomischen Dimension der Nachhaltigkeit

6.2.1 Ökonomische Effekte für den Anbieter

Hinsichtlich der Herstellkosten bzw. Kosten der Leistungserstellung gestaltet sich eine Bewertung des Car-Sharing im Vergleich zum Privat-Pkw schwierig, da hierzu keine verlässlichen Daten veröffentlicht sind. Aus Anbietersicht lässt sich ein Car-Sharing-Anbieter am ehesten mit einer Autovermietung vergleichen, da in beiden Fällen zunächst ein Fahrzeugankauf von einem Hersteller erfolgt, mit dem Ziel, das Fahrzeug anschließend zu vermieten. Wie in Kapitel 5.1 jedoch herausgestellt wurde, handelt es sich bei einer Autovermietung ebenfalls um eine Form des Car-Sharing, wenn auch mit anderen Organisationsmerkmalen und Tarifstrukturen. Der nächstgelegene Vergleich wäre der mit einem Fahrzeughändler, der ebenfalls Fahrzeuge erwirbt, sie anschließend jedoch wieder verkauft und der Pkw in der Regel als Privat-Fahrzeug genutzt wird. Sowohl dem Fahrzeughändler, als auch dem Car-Sharing-Anbieter entstehen dabei Personalkosten, wie auch Materialkosten (in Form von Fahrzeugen). Auf welche Höhe diese sich jedoch schlussendlich belaufen und in welchem Fall sie höher bzw. niedriger ausfallen, kann hingegen nur spekuliert werden. Ähnlich verhält es sich mit der Profitabilität, der Kundenbindung und weiteren wirtschaftlichen Kennzahlen, die aus der Literatur nicht zu entnehmen sind und zu den unternehmenssensiblen Daten gehören, die von den Car-Sharing-Organisationen nicht bekannt gegeben werden, weshalb diese beiden Kriterien keine Beurteilung zulassen.[274]

Anders gestaltet es sich hingegen im Hinblick auf das Kriterium „Veränderung des Zugangs zu neuen Märkten und neuen Kundengruppen". Insbesondere Personen, denen ein eigener Pkw zu teuer ist oder die selten einen Pkw benötigen (vgl. Kap. 5.3.2), werden mit dem Car-Sharing-Angebot angesprochen und Nutzen dieses in erster Linie als Ergänzung zu öffentlichen Verkehrsmitteln, Fahrrad und zu Fuß gehen.[275] Daneben gelten aber auch insbesondere Jugendliche als eine bisher wenig beachtete, jedoch wichtige Zielgruppe für Car-Sharing. Diese Personengruppe verfügt bisher über keinen eigenen Pkw und ist in besonderer Weise für das Car-Sharing geeignet, weil sie noch

---

[274] Vgl. Steding et al. (Hrsg.) (2004), S. 37.
[275] Vgl. Huwer (2003), S. 134, Krietemeyer (1997), S. 14ff.

nicht auf die Alltagsroutinen eines Privat-Pkw-Fahrers fixiert ist und sie sich oftmals keinen eigenen Pkw leisten kann.[276]

6.2.2 Ökonomische Effekte für den Anwender

Als Hauptnutzen bzw. Grundnutzen bezeichnet man die Befriedigung des Bedürfnisses aus den physikalisch funktionellen Eigenschaften des Produktes, wie bspw. die Raum-überwindung mit Hilfe eines Pkw. Was darüber hinaus geht (an Bedürfnisbefriedigung), wird als der sog. Zusatznutzen bezeichnet.[277] Bei einem Car-Sharing-Fahrzeug sind die physikalisch funktionellen Eigenschaften die Selben, wie bei einem Privat-Pkw. Der Hauptnutzen, der in diesem Fall als die Überwindung eines Raumes zwischen zwei geographischen Orten angesehen werden kann, verändert sich durch die Nutzung eines Car-Sharing-Fahrzeugs anstelle eines Privat-Fahrzeugs nicht. Anders sieht es hingegen beim Zusatznutzen aus. Bei der Car-Sharing-Teilnahme ergeben sich Nutzen, die man bei Gebrauch eines eigenen Pkw nicht bzw. nur gegen ein gesondertes Entgelt er-langt.[278] Dazu zählt die Vermeidung ungeliebter Arbeiten, wie bspw. die Autopflege und Wartungsverpflichtungen, als auch die Auslagerung administrativer Tätigkeiten, bspw. im Bereich der Anmeldung, Versicherung und Besteuerung. Daneben bietet Car-Sharing die Möglichkeit, je nach Fahrtzweck, zwischen verschiedenen Fahrzeugtypen auszu-wählen, sodass im Vorfeld keine Überlegungen notwendig sind, welches Fahrzeug angeschafft werden muss, damit es langfristig auch in Sonderfällen seinen Zweck erfüllt.[279] KUMER (1997) machte in diesem Zusammenhang die Feststellung, dass neue Mitglieder einer Car-Sharing-Organisation zwar großen Wert auf das Vorhandensein von Kombis legen, sie nach wenigen Monaten jedoch fast ausschließlich nur mehr Kleinwagen nutzen, da sie erfahren haben, dass sie zumeist mit kleineren Fahrzeugen auskommen.[280]

Die Nutzer von Car-Sharing-Angeboten haben zudem keinen Nutzungsausfall bei Werkstattbesuchen, da sie im Falle eines Unfalls oder während Reparatur- und War-tungsarbeiten auf andere Fahrzeuge zurückgreifen können. Besitzer eines Privat-Pkw

---

[276] Vgl. Behrendt (2000), S. 35.
[277] Vgl. Meffert (1998), S. 323.
[278] Vgl. im Folgenden Koss (2002), S. 217.
[279] Vgl. Bilharz (1999), S. 58.

hingegen, müssen für die Dauer des Werkstattaufenthalts auf die Nutzung des Fahrzeugs verzichten.[281] Ein weiterer Zusatznutzen des Car-Sharing kann darin gesehen werden, dass notwendiges Fahrzeugzubehör, wie bspw. ein Dachgepäckträger oder ein Kindersitz, nicht neu angeschafft werden muss, sondern für die meisten Car-Sharing-Fahrzeuge nach vorheriger Buchung zur Verfügung steht.

Schließlich leistet die Teilnahme am Car-Sharing einen Beitrag zur Beruhigung des ökologischen Gewissens. Durch die Verminderung des Fahrzeugbestands, sowie der Fahrleistung und die vorwiegende Nutzung umweltfreundlicher Verkehrsträger, leistet jeder Car-Sharer einen Minimalbeitrag zum Umweltschutz, weshalb er bei jeder Fahrt mit einem Car-Sharing-Fahrzeug sein Gewissen ein wenig beruhigen kann.

Betrachtet man die stetige Verfügbarkeit des eigenen Pkw vor der eigenen Haustür ebenfalls als Zusatznutzen, so kann das Car-Sharing-Fahrzeug diesem nicht in dem Maße gerecht werden, wie der Privat-Pkw. Je nach Wohnort und Standort der nächstgelegenen Car-Sharing-Station, ist es notwendig zu dieser zunächst hin zu gelangen, bevor auf ein Fahrzeug zurückgegriffen werden kann, was sich letztlich in einem erhöhten Zeitaufwand wiederspiegelt.[282] Außerdem ist es möglich, dass zum gewünschten Zeitpunkt kein (den Anforderungen entsprechendes) Fahrzeug zur Verfügung steht. Der eigene Pkw ist hingegen rund um die Uhr auch kurzfristig flexibel nutzbar. Auf Grund der Tatsache, dass der im Zusammenhang mit dem Privat-Pkw stehenden Flexibilität jedoch eine große Bedeutung aus Sicht der Nutzer zugesprochen wird (vgl. Kap. 3.3), werden die vom Car-Sharing ausgehenden Zusatznutzen zumindest relativiert.

Betrachtet man die Nutzungskosten eines Privat-Pkw, so lassen diese sich in direkte und indirekte Nutzungskosten unterteilen. Die direkten Nutzungskosten setzen sich aus Kraftstoffkosten, Reparaturen, Wartung sowie diverse andere Nebenkosten zusammen. Zu den indirekten Kosten gehören Versicherung, Steuer, Kfz-Überprüfung. Sie betragen rund 20 Prozent der Gesamtkosten.[283] Bei geteilter PKW-Nutzung wird der Fixkostenblock eines Fahrzeugs auf mehrere Personen/Nutzungsvorgänge und auf eine relativ hohe Fahrleistung der Fahrzeuge verteilt.[284] Generell kann ein ökonomischer Nutzen für

---

[280] Vgl. Kumer (1997), S. 61.
[281] Vgl. hierzu und im Folgenden Koss (2002), S. 218.
[282] Vgl. Bilharz (1999), S. 58.
[283] Vgl. Jasch/Hrauda (2000), S. 63.
[284] Vgl. Bundesverband CarSharing e.V. (Hrsg.) (2008a), S. 3.

den Anwender durch das Car-Sharing gegenüber dem eigenen Pkw nur erreicht werden, wenn Car-Sharing nicht als Hauptverkehrsmittel für alle Wege eingesetzt wird, sondern regelmäßig wiederkehrende Alltagswege (z. B. der Weg zum Arbeitsplatz) mit Bus, Bahn, Fahrrad oder zu Fuß zurückgelegt werden.[285] Wie in Kapitel 5.3.2 dargelegt wurde, finden sich auf Grund mehrerer Einflussfaktoren diesbezüglich unterschiedliche Werte, bis zu welcher Jahreskilometerleistung die Nutzung von Car-Sharing ökonomisch gesehen günstiger ist, als die Nutzung eines eigenen Fahrzeugs. Allgemein wird jedoch davon ausgegangen, dass das Car-Sharing bis zu einer Jahresfahrleistung von 10000 km gegenüber der Nutzung des eigenen Fahrzeugs Kostenvorteile aufweist, sodass unter rein ökonomischen Gesichtspunkten bei knapp der Hälfte der Fahrzeuge in Deutschland die Nutzung eines Car-Sharing-Fahrzeugs günstiger bzw. nicht teurer wäre.[286] Hinsichtlich der Nutzungskosten beim Anwender ergibt sich so ein zweigeteiltes Bild: Bei einer Jahresfahrleistung bis etwa 10000 km sind die Kosten für die Nutzung von Car-Sharing niedriger (knapp die Hälfte aller Fahrzeuge), bei einer Jahresfahrleistung von mehr als etwa 10000 km hingegen, ist die Nutzung des eigenen Pkw für den Nutzer mit Kostenvorteilen verbunden (die andere Hälfte aller Fahrzeuge).

Eindeutig lässt sich dagegen die Frage nach der Veränderung des Investitionsbedarfs klären. Beim Privat-PKW fallen Fixkosten für die Anschaffung des Fahrzeuges an, die in der Regel über 40 Prozent der Kosten eines Autozyklus betragen und sich auf eine Höhe von mehreren tausend Euro belaufen.[287] Wird das Fahrzeug mit Hilfe einer Bank finanziert, so treten oftmals noch Zinsbelastungen für den Käufer hinzu. Ausgehend von den vier dominierenden Anbietern des heutigen Car-Sharing Marktes – Deutsche Bahn, Cambio, Stadtmobil und Green Wheels – liegt der Investitionsbedarf beim Car-Sharing in Form von Kaution und Anmeldegebühr bei lediglich 30 EUR (Anmeldegebühr Cambio) bis 579 EUR (Kaution plus Aufnahmegebühr Stadtmobil Braunschweig und Hannover), wobei die Kaution bei Kündigung unverzinst zurückgezahlt wird.[288]

---

[285] Vgl. Bundesverband CarSharing e.V. (Hrsg.) (2008a), S. 7, Petersen (1995), S. 214.

[286] Vgl. Loose et al. (2004), S. 88.

[287] Vgl. Jasch/Hrauda (2000), S. 63.

[288] Vgl. Cambio CarSharing (Hrsg.) (2010), abrufbar unter http://www.cambio-carsharing.de/cms/carsharing/de/1/cms?cms_knschluessel=TARIFE, Zugriff am 09.12.2010, Stadtmobil Carsharing (Hrsg.) (2010) abrufbar unter http://www.stadtmobil.de/, Zugriff am 09.12.2010, Green Wheels (Hrsg.) (2010) abrufbar unter http://www.greenwheels.de/de/Home/Privatkunden/Was-kostet-es/Preisliste.html, Zugriff am 09.12.2010, Deutsche Bahn Carsharing (Hrsg.) (2010), siehe Anhang C.

6.2.3 Volkswirtschaftliche und regionale Effekte

Insgesamt kann auf Grund der wachsenden Bedeutung des Car-Sharing gesamtwirtschaftlich von einer Beschäftigungswirkung des organisierten Autoteilens gesprochen werden.[289] In der Literatur ist diese jedoch umstritten, da durch das Car-Sharing grundsätzlich weniger Fahrzeuge benötigt werden, was in der Folge zu einem Rückgang der Beschäftigten in der Pkw-Produktion und Zulieferindustrie führen könnte, wenn dieser reduzierte Bedarf nicht durch anderweitig bedingte Nachfragesteigerungen aufgefangen würde.[290] Andererseits wirken sich die Ausweitung des Car-Sharing-Angebotes und die stetige Zunahme der Car-Sharing-Teilnehmer unmittelbar positiv auf die Beschäftigungsentwicklung in den Car-Sharing-Organisationen und damit auf die jeweilige Region aus.[291] Gemäß einer von BEHRENDT (2000) durchgeführten schriftlichen Erhebung von 57 Car-Sharing-Organisationen in Deutschland, waren im Jahr 1999 bundesweit insgesamt 551 Mitarbeiter in den Car-Sharing-Organisationen beschäftigt, davon 109 festangestellte Mitarbeiter in Vollzeitstellen, 115 freie Mitarbeiter und 327 ehrenamtlich tätige.[292] 2002 waren bereits 220, im darauffolgenden Jahr rund 250 Mitarbeiter in Vollzeitstellen beschäftigt.[293]

Laut Ansicht der Car-Sharing-Organisationen, sind 15 bis 20 Fahrzeuge notwendig, um eine Vollzeitstelle durch das Dienstleistungsangebot finanzieren zu können.[294] KREMER (1997) schätzt, dass 15 Car-Sharing-Fahrzeuge genügen, um eine Vollzeitstelle zu schaffen.[295] Wie in Kapitel 6.1.1 herausgestellt wurde, kann davon ausgegangen werden, dass mit einem Car-Sharing-Fahrzeug durchschnittlich 7,5 Privat-Pkw ersetzt werden. Demzufolge würden für 15 Car-Sharing-Fahrzeuge, die mindestens zur Schaffung einer Vollzeitstelle notwendig sind, 112,5 Privatfahrzeuge abgeschafft werden, was zu einer Nettoreduktion von 97,5 Fahrzeugen führt. Bei einer angenommenen Nutzungsdauer von 12 Jahren [296] je Privat-Pkw, würden acht Fahrzeuge pro Jahr eingespart werden müssen, um eine Vollzeitstelle in den Car-Sharing-Organisationen zu

---

[289] Vgl. Koss (2002), S. 151.
[290] Vgl. Koss (2002), S. 151.
[291] Vgl. Steding et al. (Hrsg.) (2004), S. 37.
[292] Vgl. Behrendt (2000), S. 17f.
[293] Vgl. Steding et al. (Hrsg.) (2004), S. 37.
[294] Vgl. Byzio et al. (2002), S. 199.
[295] Vgl. Kremer (1997), S. 28.
[296] Vgl. Handelsblatt (2008), abrufbar unter http://www.handelsblatt.com/auto/news/lebensdauer-eines-autos-steigt-kaum-noch;1386255, Zugriff am 09.12.2010.

schaffen. Im Rahmen einer Studie der Volkswagen AG wurde errechnet, dass zehn produzierte Fahrzeuge, eine Vollzeitstelle sichern [297], das heißt, dass acht produzierte Fahrzeuge 0,8 Vollzeitarbeitsplätze sichern. Demnach würden bei einer Minderung der Produktion von acht Fahrzeugen lediglich 0,8 Vollzeitstellen gestrichen werden. Nach dieser, zugegebenermaßen sehr vereinfachten Abschätzung, würde Car-Sharing zumindest rein theoretisch den Wegfall von Arbeitsplätzen in der Automobilindustrie mehr als kompensieren. In einer Studie des Verkehrsclub Deutschland e.V. wurde der Frage nach der Beschäftigungswirkung detaillierter nachgegangen.[298] Gemäß dieser Studie würden bei einer Ausschöpfung des von BAUM und PESCH (1994) bezifferten Marktpotentials des Car-Sharing in Höhe von 2,45 Mio. Teilnehmer-/innen, in der Automobil- und Zulieferindustrie insgesamt rund 19400 Beschäftigte ihren Arbeitsplatz verlieren. Demgegenüber stünden 10000 Vollzeitstellen, die bei den Car-Sharing-Organisationen neu geschaffen würden. Diese Wirkung würde jedoch durch indirekte Effekte abgeschwächt werden. Dies betrifft die erhöhte Nachfrage der Car-Sharing-Teilnehmer im öffentlichen Verkehr, wodurch an dieser Stelle neue Arbeitsplätze in der jeweiligen Region geschaffen würden. Auf Grund der oftmals finanziellen Vorteilhaftigkeit von Car-Sharing, sei zudem mit einer erhöhten allgemeinen Nachfrage nach privatem Konsum bei den Car-Sharing-Teilnehmern zu rechnen, was zu Beschäftigungseffekten in sämtlichen Branchen führen könne. Insgesamt deuten die vom Verkehrsclub Deutschland e.V. ermittelten Zahlen darauf hin, dass sich die wegfallenden und neu geschaffenen Arbeitsplätze in etwa die Waage halten und die Größenordnung der Veränderungen relativ gering ist.[299] Positiv ist dabei hervorzuheben, dass die Arbeitsplätze bei den Car-Sharing-Organisationen regional gestreut geschaffen werden, wodurch der Konzentration der Arbeitsplätze auf wenige Standorte entgegengewirkt wird.[300]

Bezüglich der Veränderung der externen Kosten, kann festgestellt werden, dass Car-Sharing weder den Anschaffungspreis für Pkw, noch die Treibstoffkosten, Steuern, Abgaben etc. verteuert und damit ebenso wenig eine Internalisierung der in Kapitel 4.2.7 diskutierten externen Kosten bewirkt, wie der Privat-Pkw.[301] Wie in den vorangegangenen Ausführungen jedoch mehrfach herausgestellt wurde, verringert sich sowohl

---

[297] Vgl. Kremer (1997), S. 28.
[298] Vgl. VCD e.V. (Hrsg.) (1997), S. 40f.
[299] Vgl. ebd.
[300] Vgl. Bilharz (1999), S. 77.

der Fahrzeugbestand, als auch die Fahrleistung der Car-Sharing-Teilnehmer und es werden vermehrt umweltfreundliche Verkehrsträger (öffentliche Verkehrsträger, Fahrrad, eigene Füße) zur Befriedigung der Mobilitätsbedürfnisse nachgefragt. In der Folge sinken insbesondere die Klima- und Luftverschmutzungskosten, sowie die hohen Unfallkosten des Straßenverkehrs.[302]

6.2.4 Bewertung in der ökonomischen Dimension

Aus Anbieterperspektive gestaltet sich eine ökonomische Bewertung des Car-Sharing durch die nicht zugänglichen Informationen als schwierig, lediglich ein Zugang zu neuen Märkten und neuen Kundengruppen durch das Car-Sharing kann diesbezüglich festgestellt werden.

Aus Anwenderperspektive hat das Car-Sharing unter rein ökonomischen Gesichtspunkten gegenüber dem Privat-Pkw sowohl Vor- als auch Nachteile aufzuweisen. Während die Bewertung bezüglich der Veränderung des Hauptnutzens und des Investitionsbedarfs eindeutig möglich ist, treten bei der Nutzung von Car-Sharing anstelle des eigenen Fahrzeugs bei Betrachtung des Zusatznutzens und der Nutzungskosten sowohl Verbesserungen, als auch Verschlechterungen auf. Um herauszufinden, ob die zahlreichen Zusatznutzen, die sich im Zusammenhang mit dem Car-Sharing ergeben, den Verschlechterungen im Bereich Verfügbarkeit und Flexibilität überwiegen, wäre eine gesonderte Umfrage nötig, die den Rahmen dieser Arbeit jedoch übersteigen würde. An dieser Stelle soll deshalb davon ausgegangen werden, dass sich die Verbesserungen und Verschlechterungen im Bereich der Zusatznutzen gegenseitig ausgleichen. Gleiches gilt bei der Veränderung der Nutzungskosten. Wie herausgestellt wurde, wäre Car-Sharing unter ökonomischen Gesichtspunkten auf Grund einer Jahresfahrleistung bis 10000 km, bei knapp der Hälfte aller Fahrzeuge in Deutschland vorteilhaft bzw. nicht teurer, bei der anderen Hälfte hingegen nicht. Die ökonomischen Effekte heben sich somit gegeneinander auf, weshalb bei der Bewertung auch in diesem Fall keine eindeutige Veränderung auszumachen ist.

---

[301] Vgl. Just (1992), S. 1.
[302] Vgl. Koss (2002), S. 243ff.

Bei der volkswirtschaftlichen Betrachtung kann festgehalten werden, dass auf regionaler Ebene durchaus von einer positiven Beschäftigungswirkung des Car-Sharing ausgegangen werden kann, bundesweit betrachtet hingegen, reichen die Berechnungen und Prognosen von einer durchaus positiven Beschäftigungswirkung, bis hin zu keiner signifikanten Veränderung in diesem Bereich. Insgesamt kann daraus ein leicht positiver Beschäftigungseffekt ausgemacht werden, der sich insbesondere auf regionaler Ebene wiederspiegelt. Daneben trägt Car-Sharing durch den Einsatz vergleichsweise effizienterer Fahrzeuge und ein verändertes Mobilitätsverhalten der Teilnehmer-/innen direkt, als auch indirekt zu einer Senkung der volkswirtschaftlichen Kosten im Straßenverkehr bei. [303]

In Tabelle 10 sind ist die Bewertung des Car-Sharing in der ökonomischen Dimension zusammengefasst.

Tab. 10: Beurteilung des Car-Sharing in der ökonomischen Dimension der Nachhaltigkeit

Bereich	Indikator		Bewertung +1 0 -1 bzw. keine Beurteilung möglich
Ökonomie	Ökonomische Effekte für den Anbieter	10.	Veränderung der Herstellkosten und/oder Kosten der Leistungserstellung (Personal-, Materialkosten)	Keine Beurteilung möglich
		11.	Veränderung der Profitabilität (kurz-/langfristig)	Keine Beurteilung möglich
		12.	Veränderung der Kundenbindung	Keine Beurteilung möglich
		13.	Veränderung des Zugangs zu neuen Märkten/neuen Kundengruppen	+1
	Ökonomische Effekte für den Anwender	14.	Veränderung des Hauptnutzens für den Anwender	0
		15.	Veränderung des ökonomischen Zusatznutzens für den Anwender (z. B. Auslagerung von Haftungsfragen und Wartungsverpflichtungen, Zeitgewinn, …)	0
		16.	Veränderung der Nutzungskosten für den Anwender	0
		17.	Veränderung des Investitionsbedarfs beim Anwender	+1
	Regionale & Volkswirtschaftliche Effekte	18.	Schaffung neuer Arbeitsplätze in der Region?	+1
		19.	Veränderung der volkswirtschaftlichen Kosten	+1

Quelle: Eigene Darstellung

---

[303] Vgl. Pesch (1996), S. 172.

Auf Grund der Tatsache, dass die Indikatoren 10 bis 12 aus genannten Gründen keine Beurteilung zulassen, werden diese im Rahmen der Durchschnittsberechnung nicht berücksichtigt. Bei Betrachtung der Indikatoren 13 bis 19 ergibt sich so ein Durchschnittswert von 0,57 (4:7), d.h. Car-Sharing leistet in der ökonomischen Dimension der Nachhaltigkeit ebenfalls einen Beitrag zu einer nachhaltigen Entwicklung.

6.3 Car-Sharing in der sozialen Dimension der Nachhaltigkeit

6.3.1 Gesundheit

In engem Zusammenhang mit den ökologischen Verkehrswirkungen von Car-Sharing, stehen die sozialen bzw. gesellschaftlichen Wirkungen der eigentumslosen Pkw-Nutzung. Wie in Kapitel 6.1.2 detailliert ausgeführt wurde, trägt Car-Sharing zu einer Reduzierung der Schadstoffemissionen bei, wovon sowohl die Nutzer, als auch nicht-Nutzer von Car-Sharing letztlich gesundheitlich profitieren. Durch die verminderte Fahrleistung und die Verlagerungswirkung auf andere Verkehrsträger, sinkt zugleich die Gefahr von Gesundheitsschäden in Folge von Lärmbelastungen, die vornehmlich vom motorisierten Straßenverkehr ausgehen (vgl. Kap. 4.2.5).[304]

Bei Betrachtung des Sicherheitsaspektes wurde in Kapitel 4.2.6 herausgestellt, dass sich allein im Jahr 2009 insgesamt über 2,3 Mio. polizeilich erfasste Unfälle im Straßenverkehr ereigneten, bei denen mit Abstand am häufigsten die Insassen von Pkw betroffen waren (29750 Verletzte, 2110 Getötete).[305] Car-Sharing hat einen positiven Einfluss auf die Unfallzahlen, was insbesondere auf die Reduzierung der Fahrleistung und die vermehrte Nutzung sichererer Verkehrsträger zurückzuführen ist. Auf Basis der Annahme einer knapp fünfzigprozentigen Fahrleistungsreduzierung in Höhe von 3416 km absolut pro Jahr und einer aktuellen Teilnehmer-/innenzahl von etwa 116000 Car-Sharing-Nutzern (vgl. Kap. 6.1.2), werden so jährlich rund 396 Mio. km eingespart. Aus dieser reduzierten Kilometerleistung resultiert naturgemäß ein positiver Effekt auf die Unfallzahlen im Straßenverkehr, der sich nicht nur auf die Pkw-Insassen auswirkt, sondern auch auf alle anderen Verkehrsteilnehmer.

---

[304] Vgl. hierzu auch Koss (2002), S. 239.
[305] Vgl. Statistisches Bundesamt (Hrsg.) (2010a), S. 439f.

6.3.2 Lebensqualität

Gerade der Straßenraum spielt eine wichtige Rolle für die Lebensqualität in Städten. Laut UBA trägt die Dominanz des Privat-Pkw dazu bei, dass die bestehenden Verkehrsverhältnisse die Lebensverhältnisse der Menschen, insbesondere in Städten, erheblich verschlechtern. Kinder könnten sich kaum unbegleitet im Straßenraum aufhalten oder spielen, ältere Menschen würden in ihrer (Fuß-)Mobilität verunsichert und eingeschränkt und der innerstädtische Straßenraum hätte seine Aufenthalts- und Kommunikationsfunktion weitgehend verloren.[306] In der Folge sinken sowohl die Attraktivität der Wohnumgebung, als auch die Wohnqualität. Ein hohes Maß an Lebensqualität kann in verkehrsreichen Gebieten zudem nur dann erreicht werden, wenn die Beeinträchtigungen durch den Verkehr, insbesondere die Lärm- und Schadstoffbelastung, so weit wie möglich vermieden werden.[307] Durch die Bestands- und Fahrleistungsreduzierung, sowie die Verlagerung auf öffentliche Verkehrsmittel, Fahrrad oder Füße hat die eigentumslose Pkw-Nutzung prinzipiell einen positiven Einfluss auf die Lebensqualität.

Car-Sharing birgt ein großes Potential zur Flächeneinsparung, die theoretisch in Grün- und Erholungsfläche umgewandelt werden kann [308], was zu einer Attraktivitätssteigerung der Wohnumgebung beiträgt. Wie in Kapitel 6.1.1 jedoch verdeutlicht wurde, spiegeln sich die allgemeinen Flächeneinspareffekte durch Car-Sharing erst dann im Stadtbild wieder, wenn sie zur Begründung verkehrspolitischer und städtebaulicher Strategien genutzt werden.[309] Car-Sharing-Angebote, sowie deren Nutzung allein tragen nicht zu einer Veränderung bspw. der Grün- und Erholungsfläche und einer damit einhergehenden Attraktivitätssteigerung der Wohnumgebung bei. Vielmehr ist es notwendig, dass das organisierte Autoteilen beim Neubau von Straßen und Flächen berücksichtigt wird, damit das Flächeneinsparpotential für eine attraktive Wohnumgebung ausgeschöpft werden kann.

„Inwieweit die Verkehrsentlastung durch die geringere Motorisierung der Car-Sharing Kunden sich im Straßenraum niederschlägt, ist eine Frage der kommunalen Verkehrs-

---

[306] Vgl. UBA (Hrsg.) (1997), S. 91.
[307] Vgl. Köln SPD (Hrsg.), abrufbar unter
http://www.koelnspd.de/fileadmin/pdf/Partei/Dokumente/Kommunalwahlprogramm2009/5_-
Verkehr_in_Koeln_-_mobile_Stadt_mit_Wohnqualitaet.pdf, Zugriff am 18.12.2010.
[308] Vgl. Jerusalem (2007), abrufbar unter http://www.stadtmobil-ev.de/VortragCarSharing04032007.pdf,
Zugriff am 17.112.2010.

politik [...]Die theoretischen Flächeneinsparungen durch geringere Motorisierungs-
quoten der Car-Sharer geben der kommunalen Verkehrspolitik jedoch einen Ansatz-
punkt, kostbaren öffentlichen Straßenraum zum Beispiel für Fußgänger, Radverkehr
oder Begrünung umzunutzen und die dicht bebauten, innenstadtnahen Stadtteile so
städtebaulich aufzuwerten. "(Vgl. GLOTZ-RICHTER et al. (2007), S. 335)

Konkrete Maßnahmen, zur Attraktivitätssteigerung der Wohnumgebung, die Car-Sharing zu Voraussetzung haben, konnten in der Literatur bisher noch nicht identifiziert werden.[310]

Hinsichtlich der Wohnqualität kann demgegenüber ein direkter positiver Einfluss des Car-Sharing ausgemacht werden. Durch eine Absenkung der Lärm- und Luftschadstoffbelastungen sinken die Wohnbelastungen [311], wodurch sich ein positiver Effekt auf die Wohnqualität insbesondere in Städten und an großen Straßen ergibt.[312] Car-Sharing leistet damit nicht nur einen wichtigen Beitrag für die Umwelt, sondern durch die Verringerung von Luftschadstoffen, Lärm- und Flächenverbrauch insbesondere auch für die Lebensqualität der Menschen.[313]

6.3.3 Gesellschaftliche Effekte

Car-Sharing erleichtert auch denjenigen Bevölkerungsgruppen den Zugang zum Pkw, die sich bisher aus finanziellen Gründen kein eigenes Fahrzeug leisten konnten [314] und verbreitert so die Gruppe von Menschen mit Zugang zu Auto-Mobilität.[315] Begründen lässt sich dies mit den deutlich geringeren Investitionskosten, die mit dem Car-Sharing gegenüber dem Privat-Pkw verbunden sind (vgl. Kap. 6.2.2). So stellt das Kostenmotiv einen starken Einflussfaktor für die Teilnahme am Car-Sharing dar (vgl. Kap. 5.3.2).

---

[309] Vgl. Wuppertal Institut für Klima, Umwelt und Energie GmbH (Hrsg.) (2007), S. 167.

[310] Vgl. Wuppertal Institut für Klima, Umwelt und Energie GmbH (Hrsg.) (2007), S. 169.

[311] Zu den Wohnbelastungen zählen unter anderem Lärm und Luftverschmutzung in Folge von Straßenverkehr, vgl. Stronegger/Freidl (2004), S. 101.

[312] Vgl. Steding et al. (Hrsg.) (2004), S. 11.

[313] Vgl. Deutscher Bundestag (Hrsg.) (2005), Drucksache 15/5586.

[314] Vgl. Steding et al (Hrsg.) (2004), S. 34.

[315] Vgl. Cambio CarSharing (Hrsg.) (2010), abrufbar unter http://www.cambio-carsharing.de/cms/carsharing/de/1/cms_f4_4/cms?cms_knuuid=1de801cc-c809-4c69-9f14-12b2bb4e63c0&cms_f3=4, Zugriff am 17.12.2010.

Wie bereits erwähnt wurde, gelten Car-Sharing-Teilnehmer daneben als besonders ÖPNV affine Menschen, die dreimal so häufig Zeitkarten nutzen, wie die restlichen Bundesbürger.[316] Mit dem Beitritt in eine Car-Sharing-Organisation erhöht sich der Mobilitätsanteil im öffentlichen Verkehr sogar noch und die durchschnittliche Pkw-Fahrleistung nimmt mit zunehmender Mitgliedsdauer ab (vgl. Kap. 5.3.1). Car-Sharing trägt somit dazu bei, dass Anreize geschaffen werden, auf einen Privat-Pkw zu verzichten.[317] In der Folge nimmt die Automobilität ab und es werden vermehrt energieeffiziente Verkehrsmittel nachgefragt, wodurch Car-Sharing letztlich einen Beitrag zu nachhaltigen Konsumformen leistet.[318] Dies gilt auch mit Blick auf globale Fragen der Gerechtigkeit. Eine Anhebung des globalen Konsumniveaus im Allgemeinen und eine Orientierung der weniger entwickelten Länder am westlichen Verkehrssystem, wären weder ökologisch, noch ökonomisch und sozial tragfähig (vgl. Kap. 4.1). Car-Sharing und die damit zusammenhängende Pkw-Bestands- und Fahrleistungsreduzierung, leistet zumindest einen Beitrag zur Angleichung der Ausstattung mit Pkw zwischen Industrieländern und „ärmeren" Ländern. Das organisierte Autoteilen trägt damit zu einer Verbesserung der Lebensumstände zwischen den heute lebenden Generationen (intragenerationalen Gerechtigkeit) bei und kann als international tragfähig angesehen werden. Aber auch zwischen den Generationen hat Car-Sharing einen Einfluss auf den Gerechtigkeitsaspekt. Durch den verminderten Ressourcenverbrauch und eine Reduzierung der ökologischen Belastungen, sowie den damit einhergehenden niedrigeren volkswirtschaftlichen Kosten, leistet Car-Sharing einen Beitrag zu einer lebenswerten Umwelt, in der sowohl heutige, als auch künftige Generationen ihre (Mobilitäts-)Bedürfnisse befriedigen können (intergenerationale Gerechtigkeit).

6.3.4 Bewertung in der sozialen Dimension

Die Beurteilung des Car-Sharing in der sozialen Dimension fällt insgesamt positiv aus. Die vom Personenverkehr ausgehenden Schadstoff- und Lärmbelastungen der Nutzer und nicht-Nutzer, können durch Car-Sharing und dem damit im Zusammenhang

---

[316] Vgl. Krietemeyer (1997), S. 14ff.
[317] Vgl. Wuppertaler Institut für Klima, Umwelt und Energie (Hrsg.) (2007), S. 162.
[318] Vgl. Haefeli (2010), abrufbar unter
http://www.ikaoe.unibe.ch/veranstaltungen/hs10/vortragsreihe/handout_abstracts.pdf, Zugriff am 17.12.2010.

stehenden Mobilitäts- und Verkehrsverhalten gesenkt werden, ebenso wie die Unfall-zahlen tendenziell naturgemäß sinken, was zusätzlich einen positiven Einfluss auf die Lebensqualität der Menschen insbesondere in verkehrsreichen Gebieten hat. Um jedoch die Attraktivität der Wohnumgebung zu steigern, bedarf es politischer Maßnahmen um die vom Car-Sharing ausgehenden Potentiale tatsächlich auszuschöpfen, weshalb Car-Sharing alleine nicht ausreicht um bspw. Grün- und Erholungsfläche zu schaffen bzw. zu erhalten. Die Veränderung der Attraktivität der Wohnumgebung wird aus diesem Grund mit „keine Veränderung" bewertet. Auf gesellschaftlicher Ebene können die Effekte von Car-Sharing hingegen als durchweg positiv eingestuft werden. Sowohl der Zugang zu Mobilität, als auch der Anreiz bzw. Beitrag zu nachhaltigen Konsumformen verbessern sich und die eigentumslose Pkw-Nutzung leistet einen Beitrag zur intra- und intergenerationalen Gerechtigkeit.

Die nachfolgende Tabelle bildet die Beurteilung des Car-Sharing in der sozialen Dimension der Nachhaltigkeit noch einmal ab.

Tab. 11: Beurteilung des Car-Sharing in der sozialen Dimension der Nachhaltigkeit

Bereich		Indikator		Bewertung +1 0 -1 bzw. keine Beurteilung möglich
Soziales	Gesundheit	20.	Veränderung der Belastungen durch Schadstoffemissionen auf Nutzer/nicht-Nutzer	+1
		21.	Veränderung der Belastung durch Lärmemissionen auf Nutzer/nicht-Nutzer	+1
		22.	Veränderung der Unfallgefahr Nutzer/nicht-Nutzer	+1
	Lebensqualität	23.	Veränderung der Attraktivität der Wohnumgebung (bspw. Veränderung der Grün- und Erholungsfläche)	0
		24.	Veränderung der Wohnqualität	+1
	Gesellschaftliche Effekte	25.	Veränderung des Zugangs zu Mobilität (Verbreiterung der Gruppe von Menschen m. Zugang?)	+1
		26.	Veränderung des Beitrags/Anreizes zu nachhaltigen Konsumformen (bspw. vermehrte Nutzung des ÖPNV)	+1
		37.	Veränderung der intra- und intergenerationalen Gerechtigkeit	+1

Quelle: Eigene Darstellung

Führt man an dieser Stelle erneut eine Durchschnittsberechnung durch, so errechnet sich ein Wert von 0,88 (7:8). Folglich leistet Car-Sharing auch in der sozialen Dimension der Nachhaltigkeit einen Beitrag zu einer nachhaltigen Entwicklung. Verglichen mit den Dimensionen „Ökologie" und „Ökonomie", deren durchschnittliche Werte im Bereich von 0,5 liegen, fällt die Bewertung in der sozialen Dimension sogar am höchsten aus.

7 Fazit und Ausblick

Die in der Einleitung und im Titel dieser Arbeit formulierte Frage, ob Car-Sharing einen Beitrag zu einer nachhaltigen Entwicklung leistet, kann auf Basis der vorangegangenen Erkenntnisse und Untersuchungen von der Verfasserin mit einem klaren „ja" beantwortet werden. Car-Sharing vereint, was allzu oft als Gegensatz formuliert wird, im Rahmen der Nachhaltigkeitsdebatte jedoch stets gefordert wird: Die Verknüpfung von ökologischen, ökonomischen und sozialen Zielen, vereint unter einer globalen Perspektive.[319]

„Anhaltendes Kundenwachstum, großes Interessentenpotential und positive Expertensicht zeigen, dass in der kombinierten Mobilität viel Entwicklungspotential liegt und dass Car-Sharing der entscheidende Schlüssel dazu ist. Es schafft Kostentransparenz und tariert Bequemlichkeits- und Spontaneitätsungleichgewichte aus. Erst so kommen die Stärken aller verfügbaren Verkehrsmittel wirklich zum Tragen" (MUHEIM et al. (1998), S. 16)

Car-Sharing kann nach Einschätzung der Verfasserin als ein weitreichendes Konzept angesehen werden, da es an der Verhaltensänderung der einzelnen NutzerInnen anknüpft, was sich insbesondere in einer Pkw-Bestandsreduzierung und einer verminderten Pkw-Fahrleistung der Nutzer-/innen wiederspiegelt. Die eigentumslose Pkw-Nutzung fördert die Vermeidung des motorisierten Verkehrs und führt zu einer Verlagerung der Mobilitätsnachfrage zu Gunsten umweltfreundlicherer Verkehrsträger (öffentlichen Verkehr, Fahrrad, zu Fuß), was in der Folge zu einer Verminderung der vom Verkehr ausgehenden Belastungen führt. Besonders im Stadt- und Regionalverkehr bildet das Verkehrskonzept eine Ergänzung zum öffentlichen Personenverkehr, weshalb Car-Sharing auch als „Die vierte Säule des Umweltverbundes" (vgl. HUWER (2003), S. I) bezeichnet werden kann.

Zusätzlich wird auch die Pkw-bezogene Mobilität an sich effizienter organisiert. Durch das organisierte Autoteilen werden weniger Fahrzeuge benötigt und das niedrigere Durchschnittsalter der Fahrzeugflotten im Vergleich zur Privatwagenflotte sorgt für eine

---

[319] Vgl. Mayer (1998), S. 32.

zügigere Umsetzung ökologieorientierter Innovationen, bspw. in Form von effizienteren Motoren.

Insgesamt zeigt sich jedoch, dass die Effekte von Car-Sharing auf der Makroebene in quantitativer Hinsicht noch kaum wahrnehmbar sind. Trotz empirisch nachgewiesener Vorteile und beachtlichen Wachstumsraten, bewegt sich Car-Sharing noch immer in einer Marktnische des Mobilitätsbereichs und wird erst von einem relativ geringen Teil der Pkw-Fahrer in Anspruch genommen. Um dies zu ändern und die vorhandenen positiven ökologischen, ökonomischen und sozialen Effekte zu verstärken bzw. deutlich wahrnehmbar zu machen, bedarf es der Erschließung neuer Kundenpotentiale. Dies erfordert eine Ansprache neuer Zielgruppen, die im Vergleich zum bisherigen Klientel in erster Linie eine professionelle Mobilitätsdienstleistung sucht, die sowohl (alltags-)praktisch als auch kostengünstig ist und zusätzlich einer ökologischen Grundausrichtung entspricht.[320] Um ein ernsthaftes Interesse an Car-Sharing zu entwickeln, müssen, wie beim herkömmlichen Nutzertypus dennoch wichtige Grundvoraussetzungen, wie eine hohe Affinität zum öffentlichen Verkehr, ein städtischer Wohnort, sowie eine ökologische Grundsensibilität erfüllt sein.[321] Entscheidend ist in diesem Zusammenhang, ob es gelingt den Unterschied zwischen der Nutzung des eigenen Fahrzeugs und der Nutzung von Car-Sharing zu minimieren, d.h. das Car-Sharing-Angebot so zu gestalten, dass es mit einer möglichst großen Zahl von Alltagspraktiken kompatibel ist. Aufgrund der räumlichen und zeitlichen Flexibilität kommen dann auch viele aus den Car-Sharing affinen Milieus als potentielle Nutzer in Frage, die sich bisweilen zwar eine Nutzung vorstellen können, für die das Car-Sharing in seiner derzeitigen Ausgestaltungsform jedoch nicht mit ihren Alltagserfordernissen kompatibel ist.[322]

Daneben haben die preis- und ordnungspolitischen Rahmenbedingungen, die staatlicherseits gesetzt werden, einen großen Einfluss auf die Verbreitung von Car-Sharing. Zur Verbesserung der Rahmenbedingungen ist es notwendig, den öffentlichen Verkehr als Rückgrat des gemeinschaftlichen Autoteilens, möglichst attraktiv zu gestalten und - analog zu den Taxi-Ständen - Stellplätze im öffentlichen Straßenraum für die Car-Sharing-Fahrzeuge zur Verfügung zu stellen. Schließlich gilt es zusätzlich preisliche

---

[320] Vgl. Wuppertal Institut für Klima, Umwelt und Energie GmbH (Hrsg.) (2007), S. 1.
[321] Vgl. Steding et al (Hrsg.) (2004), S. 33.
[322] Vgl. Wilke (2002), S. 79.

Signale zu senden, die zu mehr Kostenwahrheit im Verkehr führen, und eine kombinierte Mobilität fördern.[323]

Ob die personenbezogene Mobilität der Zukunft tatsächlich entindividualisiert ist bleibt somit abzuwarten. Sicher ist, dass neue Lösungen gefunden werden müssen, um auch für künftige Generationen noch eine lebenswerte Umwelt zu erhalten.

---

[323] Vgl. Jasch/Hrauda (2000), S. 74.

Anhang

Anhang A

Nachhaltigkeitsindikatoren der Bundesregierung

	Thema	Indikator	Ziel
GENERATIONENGERECHTIGKEIT			
1a	**Ressourcenschonung**	Energieproduktivität	Verdopplung von 1990 bis 2020
1b	Ressourcen sparsam und effizient nutzen	Rohstoffproduktivität	Verdopplung von 1994 bis 2020
2	**Klimaschutz** Treibhausgase reduzieren	Treibhausgasemissionen	Reduktion um 21% gegenüber 1990 bis 2008/2012
3a	**Erneuerbare Energien**	Anteile erneuerbarer Energien am Primärenergieverbrauch	Anstieg auf 4,2% bis 2010 und 10% bis 2020
3b	Zukunftsfähige Energieversorgung ausbauen	Anteile erneuerbarer Energien am Stromverbrauch	Anstieg auf 12,5% bis 2010 und mindestens 30% bis 2020
4	**Flächeninanspruchnahme** Nachhaltige Flächennutzung	Anstieg der Siedlungs- und Verkehrsfläche	Reduzierung des täglichen Zuwachses auf 30 ha bis 2020
5	**Artenvielfalt** Arten erhalten - Lebensräume schützen	Artenvielfalt und Landschaftsqualität	Anstieg auf den Indexwert 100 bis 2015
6	**Staatsverschuldung** Haushalt konsolidieren - Generationengerechtigkeit schaffen	Staatsdefizit	Strukturell ausgeglichener Staatshaushalt; Bundeshaushalt spätestens ab 2011 ohne Nettokreditaufnahme

7	**Wirtschaftliche Zu-kunftsvorsorge** Gute Investitions-bedingungen schaffen - Wohlstand dauerhaft erhalten	Verhältnis der Bruttoanla-geinvestitionen zum Bruttoinlandsprodukt	Steigerung des Anteils
8	**Innovation** Zukunft mit neuen Lösungen gestalten	Private und öffentliche Ausgaben für Forschung und Entwicklung	Steigerung auf 3% des BIP bis 2010
9a	**Bildung**	18- bis 24-Jährige ohne Abschluss	Verringerung des Anteils auf 9% bis 2010 und auf 4,5% bis 2020
9b	Bildung und Qualifikati-on kontinuierlich verbessern	25-Jährige mit abgeschlos-sener Hochschulausbil-dung	Steigerung des Anteils auf 10% bis 2010 und 20% bis 2020
9c		Studienanfängerquote	Erhöhung auf 40% in 2010, anschließend weiterer Ausbau und Stabilisierung auf hohem Niveau

LEBENSQUALITÄT

10	**Wirtschaftlicher Wohlstand** Wirtschaftsleistung umwelt- und sozialver-träglich steigern	Bruttoinlandsprodukt je Einwohner	Wirtschaftliches Wachs-tum
11a	**Mobilität**	Gütertransportintensität	Absenkung auf 98% gegenüber 1999 bis 2010 und auf 95% bis 2020
11b	Mobilität sichern - Umwelt schonen	Personentransportintensität	Absenkung auf 90% gegenüber 1999 bis 2010 und auf 80% bis 2020
11c		Anteil des Schienenver-kehrs an der Güterbeförde-rungsleistung	Steigerung auf 25% bis 2015
11d		Anteil der Binnenschiff-fahrt an der Güterbeförde-rungsleistung	Steigerung auf 14% bis 2015
12a	**Landbewirtschaftung**	Stickstoffüberschuss	Verringerung bis auf 80 kg/ha landwirtschaftlich genutzter Fläche bis 2010, weitere Absenkung bis 2020
12b	In unseren Kulturland-schaften umweltverträg-lich produzieren	Ökologischer Landbau	Erhöhung des Anteils des ökologischen Landbaus an der landwirtschaftlich

			genutzte Fläche auf 20% in den nächsten Jahren
13	**Luftqualität** Gesunde Umwelt erhalten	Schadstoffbelastung der Luft	Verringerung auf 30% gegenüber 1990 bis 2010
14a	**Gesundheit und Ernährung** Länger gesund leben	Vorzeitige Sterblichkeit (Todesfälle pro 100.000 Einwohner unter 65 Jahren) **Männer**	Rückgang auf 190 Fälle pro 100.000 bis 2015
14b		Vorzeitige Sterblichkeit (Todesfälle pro 100.000 Einwohner unter 65 Jahren) **Frauen**	Rückgang auf 115 Fälle pro 100.000 bis 2015
14c		Raucherquote von Erwachsenen (12 bis 17 Jahre)	Absenkung auf unter 12% bis 2015
14d		Raucherquote von Erwachsenen (ab 15 Jahre)	Absenkung auf unter 22% bis 2015
14e		Anteil der Menschen mit Adipositas (Fettleibigkeit) in Prozent der Erwachsenen (18 Jahre und älter)	Rückgang bis 2020
15	**Kriminalität** Persönliche Sicherheit weiter erhöhen	Wohnungseinbruchsdiebstahl	Rückgang der Fälle auf unter 100.000 pro Jahr bis zum Jahr 2015

SOZIALER ZUSAMMENHALT

16a	Beschäftigung	Erwerbstätigenquote insgesamt (15 bis 64 Jahre)	Erhöhung auf 73% bis 2010 und 75% bis 2020
16b	Beschäftigungsniveau steigern	Erwerbstätigenquote Ältere (55 bis 64 Jahre)	Erhöhung auf 55% bis 2010 und 57% bis 2020
17a	**Perspektiven für Familien** Vereinbarkeit von Familie und Beruf verbessern	Ganztagsbetreuung für Kinder 0 bis 2-Jährige	Anstieg auf 30% bis 2010 und 35% bis 2020
17b		Ganztagsbetreuung für Kinder 3- bis 5-Jährige	Anstieg auf 30% bis 2010 und 60% bis 2020
18	**Gleichberechtigung** Gleichberechtigung in der Gesellschaft fördern	Verdienstabstand zwischen Frauen und Männern	Verringerung des Abstandes auf 15% bis 2010 und auf 10% bis 2020
19	**Integration** Integrieren statt ausgrenzen	Ausländische Schulabgängerinnen und -abgänger	Erhöhung des Anteils der ausländischen Schulabgängerinnen und -abgänger mit mindestens Hauptschulabschluss und Angleichung an die Quote deutscher Schulabgängerinnen und -abgänger bis 2020

INTERNATIONALE VERANTWORTUNG

20	**Entwicklungszusammenarbeit** Nachhaltige Entwicklung unterstützen	Anteil öffentlicher Entwicklungsausgaben am Bruttonationaleinkommen	Steigerung auf 0,51% bis 2010 und 0,7% bis 2015
21	**Märkte öffnen** Handelschancen der Entwicklungsländer verbessern	Deutsche Einfuhren aus Entwicklungsländern	Weiterer Anstieg

Quelle: Eigene Darstellung

122

Anhang B

Mögliche Auswirkungen der Landschaftszerschneidung (Beispiele)

Problemfeld	Folgewirkungen von linienhaften technischen Infrastrukturanlagen
Boden und Bodenbedeckung	• Flächenbedarf für Fahrbahn, Straßenkörper und Straßenbegleitflächen • Bodenverdichtung, Bodenversiegelung • Veränderung der Geomorphologie (z. B. Schaffung von Einschnitten und Dämmen, Befestigung von Hängen) • Vegetationsbeseitigung bzw. -veränderungen
Kleinklima	• Veränderte Temperaturverhältnisse (z. B. Aufheizung der Straße, größere Temperaturschwankungen) • Kaltluftstau an Straßendämmen (Kaltluftseen) • Änderungen des Feuchtegrades (z. B. geringere Luftfeuchtigkeit aufgrund erhöhter Einstrahlung, Staunässe auf Straßenbegleitflächen infolge der Verdichtung) • Veränderte Lichtverhältnisse • Veränderte Windverhältnisse (z. B. Schneisen im Wald) • Klimaschwelle
Immissionen	• Abgase, Schadstoffe, düngende Stoffe • Staub (Reifenabrieb, Bremsbeläge) • Öl etc. (z. B. bei Verkehrsunfällen) • Streusalz • Lärm • Optische Reize, Beleuchtung
Wasserhaushalt	• Drainage, schnellerer Wasserabfluss • Veränderung von Oberflächengewässern • Absenkung oder Anhebung des Grundwasserspiegels • Wasserverunreinigungen
Flora/Fauna	• Tierverluste durch Straßentod (zum Teil auch infolge Lockwirkung: „Falleneffekt") • Unruhewirkung, Verlust von Rückzugsräumen • Habitatverkleinerung und -verluste; zum Teil auch Neuschaffung • Veränderung des Nahrungsangebotes (z. B. infolge von nächtlichen Kaltluftseen verringertes Nahrungsangebot für Fledermäuse) • Barriereeffekt • Blockierung von Ausbreitungswegen, Verhinderung von Wiederbesiedlungen • Trennung und Isolation von Teilhabitaten, Zerteilung von Populationen • Unterbrechung der Metapopulationsdynamik, genetische Isolation, Inzuchteffekte, Abbruch evolutionärer Entwicklungseffekte • Unterschreitung von Minimalarealen, Artenverluste • Ausbreitungsbänder, Eindringen neuer Arten, zum Teil als Infektionswege • Verringerte Wirksamkeit natürlicher Feinde von Schädlingen in der Land- und Forstwirtschaft (d. h. Erschwerung der biologischen Schädlingsbekämpfung)
Landschaftsbild	• Verlärmung, optische Reize • „Verstraßung", „Vermastung" und „Verdrahtung" der Landschaft • Gegensätze und Brüche; aber zum Teil auch Belebung der Landschaft (z. B. durch Alleen)
Folgen für die Landnutzung	• Folgen der Erschließung durch Straßen (z. B. Verkehrszunahme, erhöhter Siedlungs- und Mobilitätsdruck) • Flurbereinigung (vor allem Zweckflurbereinigung) • Qualitätsveränderungen des Erntegutes entlang von Straßen • Verlärmung, Verkleinerung und Zerteilung von Erholungsgebieten

Quelle: Eigene Darstellung in Anlehnung an SRU (Hrsg.) (2005): Umwelt und Straßenverkehr. Hohe Mobilität – umweltverträglicher Verkehr, Berlin, S. 55f

Anhang C

Preisliste Deutsche Bahn Car-Sharing

Preisliste

Fahrzeug-klassen	Beispielfahrzeuge	Stundenpreis 20 bis 8 Uhr	Stundenpreis 8 bis 20 Uhr	Tagespreis 1. Tag	Tagespreis ab 2. Tag	Tagespreis ab 5. Tag	Monats-miete
Klasse 0*	smart fortwo	1,90 Euro	1,90 Euro	45,60 Euro	45,60 Euro	45,60 Euro	-
Miniklasse	Fiat 500, Alfa Romeo Mito, For Fiesta	1,90 Euro	4,90 Euro	49,00 Euro	29,00 Euro	22,00 Euro	593,81 Euro
Kompaktklasse	Ford Focus Turnier, Obel Astra Caravan	1,90 Euro	5,90 Euro	59,00 Euro	39,00 Euro	26,00 Euro	712,81 Euro
Mittelklasse	VW Passat, Ford Mondeo, Opel Vectra	1,90 Euro	6,90 Euro	69,00 Euro	49,00 Euro	30,00 Euro	831,81 Euro
Komfortklasse	BMW 3er, MB C-Klasse, Audi A4	1,90 Euro	7,90 Euro	79,00 Euro	59,00 Euro	34,00 Euro	950,81 Euro
Van-/Busklasse	z.B. Ford Galaxy, VW Sharan, Seat Alhambra, Renault Espace etc.	1,90 Euro	8,90 Euro	89,00 Euro	69,00 Euro	39,00 Euro	1069,81 Euro
Oberklasse	z.B. BMW 5er, MB E-Klasse, Audi A6, VW Multivan	nicht möglich	nicht möglich	109,00 Euro	89,00 Euro	49,00 Euro	1367,31 Euro
Transport I	Opel Combo, Renault Kangoo, VW Caddy	1,90 Euro	5,90 Euro	59,00 Euro	39 Euro	26,00 Euro	712,81 Euro
Transport II	Ford Transit, VW T5 Kasten, Opel Vivaro	1,90 Euro	7,90 Euro	79,00 Euro	59,00 Euro	34,00 Euro	891,31 Euro
Transport III	z.B. MB Sprinter, MB Sprinter Doka, Opel Movano + Doka etc.	nicht möglich	nicht möglich	99,00 Euro	79,00 Euro	44,00 Euro	1188,81 Euro
Sonderklasse	z.B. Cabrios, BMW 7er, S-Klasse, Audi A8	nach Angebot					

*Fahrzeugklasse 0 nur in Berlin, Köln und Stuttgart verfügbar.

Die Verfügbarkeit der Fahrzeugklassen kann nach Standort variieren.
Flughafenzuschlag: 25% auf den Zeitpreis.
Weitere Fahrzeugklassen (Cabrios, BMW 7er,...) zur Monatsmiete auf Anfrage. Stunden-, Tages- und Monatspreise inkl. 19% MwSt.

Spritpauschale/Karftstoffkosten (je gefahrenen Kilometer):

Klasse 0:	0,19 EUR pro Kilometer
Miniklasse:	0,16 EUR pro Kilometer
Kompaktklasse:	0,17 EUR pro Kilometer
Mittelklasse:	0,18 EUR pro Kilometer
Komfortklasse:	0,19 EUR pro Kilometer
Van-/Busklasse:	0,19 EUR pro Kilometer
Oberklasse:	0,20 EUR pro Kilometer
Transport I:	0,17 EUR pro Kilometer
Transport II:	0,19 EUR pro Kilometer
Transport III	0,21 EUR pro Kilometer
Sonderklasse:	nach Angebot

Gebührenliste:

Rechnungsversand	
- per Mail	kostenfrei
- per Post	1,00 EUR
Servicegebühr Telefon	
- Buchung	1,00 EUR
- Änderung und Storno	1,00 EUR
Bezahlung	
- Bezahlung per Lastschrift	kostenfrei
- Bearbeitung Rücklastschrift	5,00 EUR
- Bezahlung mit Kreditkarte (Kreditkartengebühr)	5,00 EUR
- Bezahlung per Überweisung (Bearbeitungsgebühr)	5,00 EUR
Bearbeitung Ordnungswidrigkeiten	5,00 EUR
Verlust Kundenkarte	25,00 EUR
Verschmutzung/Rauchen	25,00 EUR
Verspätung	
- bis 15 Min.	25,00 EUR
- mehr als 15 Min.	50,00 EUR
Einsatz Servicetechniker (z.B. Licht angelassen)	25,00 EUR/Stunde
Stornierung der Buchung	bis 24 h vor Beginn kostenlos, sonst die Hälfte des Mietpreises, max. eine Tagesrate

Kosten für Kundenkarte (einmalig):

Inhaber einer BahnCard	69,00 EUR	inkl. 25,00 EUR Fahrtguthaben
bahn.comfort-Kunden	49,00 EUR	inkl. 25,00 EUR Fahrtguthaben
Kunden ohne BahnCard	99,00 EUR	

Schäden und Sicherheitspaket:

Die Selbstbeteiligung im Schadenfall beträgt 1.500 EUR, sofern nichts anderes im Kundenvertrag festgelegt wurde.

Sicherheitspaket 90 EUR – senkt die Selbstbeteiligung auf 300 EUR. Laufzeit 1 Jahr, verlängert sich automatisch, sofern es nicht 6 Wochen vor Laufzeitende gekündigt wird.

Unfallbearbeitungspauschale: 25/50 EUR – entfällt bei Kunden mit Sicherheitspaket

Quelle: Eigene Darstellung, in Anlehnung an Deutsche Bahn AG (2010), abrufbar unter http://www.dbcarsharing-buchung.de/fileadmin/www.dbcarsharing-buchung.de/redaktion/pdf/20100503_Carsharing-Preisliste_Klein.pdf, Zugriff am 23.12.2010

Literaturverzeichnis

ADLER, W.: Integrierte umweltökonomische Analyse des Sektors Verkehr unter Einbeziehung der wichtigsten Nachhaltigkeitsindikatoren. UGR-Online-Publikation, Wiesbaden 2005

APEL, D. et al.: Flächen sparen, Verkehr reduzieren: Möglichkeiten zur Steuerung der Siedlungs- und Verkehrsentwicklung. Berlin 1995

BAUM, H., PESCH, S.: Untersuchung der Eignung von Car-Sharing im Hinblick auf Reduzierung von Stadtverkehrsproblemen. Forschungsbericht FE-Nr. 70421 / 93, Köln 1994

BCS (BUNDESVERBAND CARSHARING E.V.) [a] (Hrsg.): Jahresbericht 2007. Hannover 2008

BCS (BUNDESVERBAND CARSHARING E.V.) [b] (Hrsg.): Klimaschutz durch CarSharing. Hannover 2008

BECKER, H.: Darwins Gesetz in der Automobilindustrie. Warum deutsche Hersteller zu den Gewinnern zählen. Berlin /Heidelberg 2010

BECKER, G.: Urbane Umweltbildung im Kontext einer nachhaltigen Entwicklung. Theoretische Grundlagen und schulische Perspektiven. Opladen 2001

BECKER, U. J., GERIKE, R., VÖLLINGS, A.: Gesellschaftliche Ziele von und für Verkehr, Kurzfassung. Dresden 1998

BEHRENDT, S.: Car-Sharing. Nachhaltige Mobilität durch eigentumslose Pkw-Nutzung ? Institut für Zukunftsforschungen und Technologiebewertungen, WerkstattBericht Nr. 43, Berlin 2000

BFN (BUNDESAMT FÜR NATURSCHUTZ) (Hrsg.): Stärkung des Instrumentariums zur Reduzierung der Flächeninanspruchnahme. Empfehlungen des Bundesamtes für Naturschutz. Bonn/Bad Godesberg 2008

BICKEL, P. , FRIEDRICH, R.: Was kosten uns die Mobilität? Externe Kosten des Verkehrs. Heidelberg 1995

BILHARZ, M.: Selbstorganisation oder Markthandeln? Eine sozio-ökonomische Analyse des Car-Sharing. Regensburg 1999

BIRKMANN, J.: Indikatoren für die nachhaltige Entwicklung. Eckpunkte eines Indikatorensystems für räumliche Planungsfragen auf kommunaler Ebene. In: Raumforschung und Raumordnung, Heft 2/3.1999, S. 120-131

BMU (BUNDESMINISTERIUM FÜR UMWELT, NATURSCHUTZ UND REAKTORSICHERHEIT) (Hrsg.): Umweltökonomische Gesamtrechnung, Zweite Stellungnahme des Beirats Umweltökonomische Gesamtrechnung. In: Umweltpolitik, Bonn 1996

BMU (BUNDESMINISTERIUM FÜR UMWELT, NATURSCHUTZ UND REAKTORSICHERHEIT) (Hrsg.): Konferenz der Vereinten Nationen für Umwelt und Entwicklung im Juni 1992 in Rio de Janeiro. Agenda 21, Dokumente, Bonn

BMVBW (BUNDESMINISTERIUM FÜR VERKEHR, BAU UND WOHNUNGSWESEN) (Hrsg.): Verkehr in Zahlen 2000. Bonn 2000

BOSSEL, H.: Indicators for Sustainable Development: Theory, Method, Applications. A Report to the Balaton Group. Winnipeg 1999

BRAND, K.-W:, JOCHUM, G. : Der Deutsche Diskurs zu nachhaltiger Entwicklung. MPS-Texte-Nr.1/2000, München 2000

BUNDESREGIERUNG (Hrsg.): Fortschrittsbericht 2008 zur nationalen Nachhaltigkeitsstrategie. Für ein nachhaltiges Deutschland. Berlin 2008

BUNDESREGIERUNG (Hrsg.): Perspektiven für Deutschland. Unsere Strategie für eine nachhaltige Entwicklung. Berlin 2002

BVU (BERATERGRUPPE VERKEHR + UMWELT GMBH), ITP (INTRAPLAN CONSULT GMBH) (Hrsg.): Prognose der deutschlandweiten Verkehrsverflechtungen 2025. Kurzfassung, München/ Freiburg 2007

BYZIO, A., HEINE, H., MAUTZ, R.: Zwischen Solidarhandeln und Marktorientierung. Ökologische Innovationen in selbstorganisierten Projekten – autofreies Wohnen, Carsharing und Windenergienutzung. Göttingen 2002

CARLOWITZ, H. C. von: Sylvicultura Oeconomica. Hauswirthliche Nachricht und Naturmäßige Anwendung zur Wilden Baum-Zucht. Leipzig 1732

128

DANIELLI, G., BACKHAUS, N., LAUBE, P.: Wirtschaftsgeographie und globalisierter Lebensraum. Lerntext, Aufgaben mit Lösungen und Kurztheorie. Zürich 2009

DEUTSCHER BUNDESTAG (17. Wahlperiode) (Hrsg.): Kommunen die Einrichtung von Stellplätzen ermöglichen. Antrag der Abgeordneten Sören Bartol u. a., Drucksache 17/781, 2010

DEUTSCHER BUNDESTAG (15. Wahlperiode) (Hrsg.): Car-Sharing als innovative Verkehrsdienstleistung im Umweltverbund fördern. Antrag der Abgeordneten Sören Bartol u. a., Drucksache 15/5586, 2005

DEUTSCHER BUNDESTAG (14. Wahlperiode) (Hrsg.): Globalisierung der Weltwirtschaft - Herausforderungen und Antworten. Schlussbericht der Enquete-Kommission, Drucksache 14/9200, 2002

ECKEY, H.-F., STOCK, W.: Verkehrsökonomie. Eine empirisch orientierte Einführung in die Verkehrswissenschaften. Wiesbaden 2000

ECMT (EUROPEAN CONFERENCE OF MINISTERS OF TRANSPORT) (Hrsg.): Report of the Hundred and Second round Table on Transport Economics, held in Paris on 9th – 10th May 1996 on the following topic: Changing Daily Urban Mobility: Less or Differently. Paris 1996

ENDRES, A., RADKE, V.: Indikatoren einer nachhaltigen Entwicklung. Elemente ihrer wirtschaftstheoretischen Fundierung. Berlin 1998

ENQUETE-KOMMISSION (Hrsg.): Schutz des Menschen und der Umwelt. Zwischenbericht, Bonn 1993

EUROPÄISCHE KOMMISSION (Hrsg.): Faire und effiziente Preise im Verkehr. Politische Konzepte zur Internalisierung der externen Kosten des Verkehrs in der europäischen Union. Grünbuch KOM (95) 691, 1995

FICHTER, K., NOACK, T., BEUCKER, S., BIERTER, W., SPRINGER, S.: Nachhaltigkeitskonzepte für Innovationsprozesse. Stuttgart 2006

FORSCHUNGSGESELLSCHAFT MOBILITÄT AUSTRIAN MOBILITY RESEARCH (Hrsg.): Carsharing im Rahmen finanzieller, verkehrspolitischer und umweltpolitischer entscheidungsgrundlagen im Verkehr. Graz 1996

FRANKE, S.: Car-Sharing: Vom Ökoprojekt zur Dienstleistung. Berlin 2001

FRANKE, S., STUTZBACH, M.: Car-Sharing – eine Mobilitätsdienstleistung zur Verringerung des Autoverkehrsaufkommens. In: APEL et al.: Handbuch der kommunalen Verkehrsplanung. 28. Ergänzungslieferung 8/01,Heidelberg 2001, Kap. 3.4.16.1

GEHRLEIN, U.: Nachhaltigkeitsindikatoren zur Steuerung kommunaler Entwicklung. Wiesbaden 2004

GLOTZ-RICHTER, M., LOOSE, W., NOBIS, C.: Car-Sharing als Beitrag zur Lösung von städtischen Verkehrsproblemen. In: Internationales Verkehrswesen, Nr. 7+8, 08/2007, S. 333-337

GREENPEACE INTERNATIONAL (Hrsg.): Ökobilanz Auto. Amsterdam 1991

GROBER, U.: Der Erfinder der Nachhaltigkeit. In: DIE ZEIT, Nr. 48, 1999

GRUNWALD, A., KOPFMÜLLER, J.: Nachhaltigkeit. Frankfurt/Main 2006

HAEFELI, U. et al.: Evaluation Car-Sharing. Schlussbericht, Bern 2006

HARTWICK, J. M.: Intergenerational Equity and the Investing of Rents from Exhaustible Resources. In: The American Economic Review, Vol. 67, No. 5, 1977, S. 972-974

HAUFF, V.: Unsere gemeinsame Zukunft. Eggenkamp 1987

HAUTZINGER, H., KNIE, A., WERMUTH, M. (Hrsg.): Mobilität und Verkehr besser verstehen: Dokumentation eines interdisziplinären Workshops am 5./6. Dezember 1996 in Berlin. Berlin 1997

HEINE, W.-D.: Mobilitätspsychologie – Psychologie für ein situationsangepasstes Mobilitätsverhalten. In: Zeitschrift für Verkehrswissenschaft, 69. Jg., Heft 1, 1998, S. 23-70

HEITLAND, H.: Alternativen im Verkehr. Abschätzung ihrer Chancen und Risiken durch PC-Simulationsmodelle. Berlin 2007

HILLEBRAND, B. et al.: Nachhaltige Entwicklung in Deutschland: Ausgewählte Problemfelder und Lösungsansätze. Essen 2000

HILLEBRAND, B., LÖBBE, K.: Handlungsfelder und Optionen zur Nachhaltigkeit. Ergebnisse aus dem RWI-Projekt Arbeit und Ökologie. Düsseldorf 2000

HINTERBERGER, F., JASCH, C., HAMMERL, B., WIMMER, W. et al.: Leuchttürme für industrielle Produkt-Dienstleistungssysteme. Potentialerhebung in Europa und Anwendbarkeit in Österreich. Berichte aus Energie- und Umweltforschung 15/2006, Wien 2006

HUWER, U.: Public transport and car-sharing – benefits and effects of combined services. In: Transport Policy 11, 2004, S. 77-87

HUWER, U.: Kombinierte Mobilität gestalten: Die Schnittstelle ÖPNV – CarSharing. Kaiserslautern 2003

ILS NRW (INSTITUT FÜR LANDES- UND STADTENTWICKLUNGSFORSCHUNG DES LANDES NORDRHEIN-WESTFALEN) (Hrsg.): Umsetzung und Akzeptanz einer nachhaltigen Verkehrspolitik – NAPOLI. Dortmund 2005

INFAS INSTITUT FÜR ANGEWANDTE SOZIALWISSENSCHAFT GMBH, DEUTSCHES ZENTRUM FÜR LUFT-UND RAUMFAHRT E.V./INSTITUT FÜR VERKEHRSFORSCHUNG (Hrsg.): Mobilität in Deutschland 2008. Ergebnisbericht. Struktur – Aufkommen – Emissionen – Trends. Bonn /Berlin 2010

INFRAS (Hrsg.): Externe Kosten des Verkehrs in Deutschland. Aufdatierung 2005, Schlussbericht, Zürich 2007

JASCH, C., HRAUDA, G.: Ökologische Dienstleistungen. Markt der Zukunft. Wien 2000

JÖRISSEN, J., KOPFMÜLLER, J., BRANDL, V., PAETAU, M.: Ein integratives Konzept nachhaltiger Entwicklung. Karlsruhe 1999

JUST, U.: Geteilte Autos, doppelte Lösung? In: Monatsbericht des Instituts für Landes- und Stadtentwicklungsforschung des Landes NRW, Nov./Dez. 1992

KANATSCHNIG, D., FISCHBACHER, C.: Regionales Mobilitätsmanagement. Möglichkeiten zur Umsetzung nachhaltiger Verkehrskonzepte auf regionaler Ebene. Wien 2000

KOCH, B.: Entwicklungsplanung für Flughafengesellschaften. Entscheidungsunterstützung durch die integrierte Marktprognose- und Finanzmodellierung. Köln 2006

KÖLN SPD (Hrsg.): Verkehr in Köln – Mobile Stadt mit Wohnqualität. Beschluss Unterbezirksparteitag 14.03.2009

KÖNIG, R.: Verkehrsräume, Verkehrsanlagen und Verkehrsmittel barrierefrei gestalten. Ein Leitfaden zu Potenzialen und Handlungsbedarf. Stuttgart 2008

KRAMER, M., VALENTIN, M. (Hrsg.): Netzwerke und Nachhaltigkeit im Transformationsprozess. Kooperationsprojekte mit Mittel- und Osteuropa. Wiesbaden 2007

KREMER, B.-R.: Car-Sharing-Organisationen und ihre Wirtschaftlichkeit. In: HOLM, B. et al.: Car-Sharing im Gespräch. Dresden 1997, S. 26-32

KRIETEMEYER, H.: Auswirkungen von Car-Sharing auf die ÖPNV-Leistungen. In: Der Nahverkehr, Heft 9, 1997, S. 14-20

KUMER, B.: Carsharing im Rahmen finanzieller, verkehrspolitischer und umweltpolitischer Entscheidungsgrundlagen im Verkehr. Studie im Auftrag des Umweltministeriums Österreich, Graz 1997

KUMMER, S.: Einführung in die Verkehrswirtschaft. Wien 2006

LAWINCZAK, J., HEINRICHS, E.: Carsharing im öffentlichen Straßenraum. Ergebnisbericht zum Arbeitspaket 4 im Forschungs- und Entwicklungsvorhaben „ParkenBerlin". Berlin 2008

LENTZ, S.: Möglichkeiten und Grenzen der Vermeidung von Unternehmenskrisen durch Nachhaltiges Management in der Beschaffung. In: HÜLSMANN, M.: Forschungsbeiträge zum strategischen Management: Bd. 5. Schriftenreihe „Management nachhaltiger Systementwicklung", Bremen 2005

LOOSE, M., MOHR, M., NOBIS, C., HOLM, B., BAKE, D.: Bestandsaufnahme und Möglichkeiten der Weiterentwicklung von Car-Sharing. Bundesanstalt für Straßenwesen, Verkehrstechnik Heft V 114, Bergisch Gladbach 2004

MAERTINS, C.: Die intermodalen Dienste der Bahn: Mehr Mobilität und weniger Verkehr? Wirkungen und Potenziale neuer Verkehrsdienstleistungen. WZB-Discussion Paper SP III 2006-101, Berlin 2006

MASLOW, A. H.: Motivation and Personality. New York 1970

MAYER, J.: Die Rolle der Umweltbildung im Leitbild nachhaltiger Entwicklung. In: BEYER, A. (Hrsg.): Nachhaltigkeit und Umweltbildung, Hamburg 1998, S. 25-49

MEYER-OHLENDORF, N., BLOBEL; D.: Untersuchung der Beiträge von Umweltpolitik sowie ökologischer Modernisierung zur Verbesserung der Lebensqualität in Deutschland und Weiterentwicklung des Konzeptes der Ökologischen Gerechtigkeit: Hauptstudie – Modul 1-3, Berlin 2008

MÖLLER, G.: CO2-Emissionshandel in der Handelsperiode 2008-2012. Ein entscheidungstheoretischer Ansatz für Investitionen in Kraftwerke. Hamburg 2008

MUHEIM, P. et al.: Car-Sharing – Der Schlüssel zur kombinierten Mobilität. Synthese, Bern 1998

NEUMANN, P.: Unternehmenswertorientierte Steuerung des Humankapitals als immaterielle Ressource. Dresden 2007

OTT, K., DÖRING, R.: Grundlinien einer Theorie „starker" Nachhaltigkeit. In: HENKEL, M. et al.: Social Entrepreneurship Status Quo 2009: (Selbst)Bild, Wirkung und Zukunftsverantwortung. Greifswald/Berlin 2009, S. 170-196

PESCH, S.: Car-Sharing als Element einer Lean Mobility im Pkw-Verkehr. Düsseldorf 1996

PETERSEN, M.: Ökonomische Analyse des Car-Sharing. Wiesbaden 1995

PETERSEN, R., DIAZ-BONE, H.: Das Drei-Liter-Auto. Berlin 1998

PITTEL, K.: Nachhaltige Entwicklung und Wirtschaftswachstum. In: Wirtschaftswissenschaftliches Studium, 33. Jg, 2004, S. 537-544

PLANCO CONSULTING GMBH, BUNDESANSTALT FÜR GEWÄSSERKUNDE (Hrsg.): Verkehrswirtschaftlicher und ökologischer Vergleich der Verkehrsträger Straße, Bahn und Wasserstraße. Zusammenfassung der Ergebnisse, Essen 2007

RENNINGS, K., HOHMEYER, O. (Hrsg.): Nachhaltigkeit. Baden-Baden 1997

REUL, F.: Entwicklung einer Nachhaltigkeitsstrategie für den Stadtverkehr – das Beispiel Berlin. Dissertation, Berlin 2002

SCHALTEGGER, S., KLEIBER, O., MÜLLER, J.: Die Werkzeuge des Nachhaltigkeitsmanagements. Konzepte und Instrumente zur Umsetzung unternehmerischer Nachhaltigkeit. In: LINNE, G., SCHWARZ, M. (Hrsg.): Handbuch nachhaltige Entwicklung. Wie ist nachhaltiges Wirtschaften machbar? Opladen 2003, S. 331-342

SCHMID, U.: Ökologisch nachhaltiges Management. In: Wirtschaftswissenschaftliches Studium, 28. Jg., 1999, S. 285-291

SCHUBERT, A.: Transport & Verkehr. Wien 2010

SEMMLER, J.: Humankapital und wertorientierte Berichterstattung. Darstellungsmöglichkeiten mitarbeiterbezogener Angaben im Rahmen eines Human Value Reporting. Hamburg 2009

SRU (SACHVERSTÄNDIGENRAT FÜR UMWELTFRAGEN) (Hrsg.): Umwelt und Straßenverkehr. Hohe Mobilität – umweltgerechter Verkehr. Sondergutachten, Berlin 2005

SRU (SACHVERSTÄNDIGENRAT FÜR UMWELTFRAGEN) (Hrsg.): Umweltgutachten 1994. Drucksache 12/6995, Stuttgart 1994

STAIß, F.: Jahrbuch Erneuerbare Energien 02/03. Radebeul 2003

STAPPEN, R. K.: A Sustainable World is Possible. Der Wise Consensus: Problemlösungen für das 21. Jahrhundert. Eichstätt 2006

STATISTISCHES BUNDESAMT (Hrsg.) [a]: Statistisches Jahrbuch 2010 für die Bundesrepublik Deutschland mit „internationalen Übersichten". Wiesbaden 2010

STATISTISCHES BUNDESAMT (Hrsg.) [b]: Umweltökonomische Gesamtrechnungen. Nachhaltige Entwicklung in Deutschland. Indikatoren der deutschen Nachhaltigkeitsstrategie zu Umwelt und Ökonomie. Wiesbaden 2010

STATISTISCHES BUNDESAMT (Hrsg.) [c]: Verkehrsunfälle. Unfallentwicklung im Straßenverkehr. Wiesbaden 2010

STATISTISCHES BUNDESAMT (Hrsg.): Datenreport 2008. Ein Sozialbericht für die Bundesrepublik Deutschland. Bonn 2008

STATISTISCHES BUNDESAMT (Hrsg.): Verkehr in Deutschland 2006. Wiesbaden 2006

STEDING, D., HERRMANN, A., LANGE, M. (Hrsg.): Carsharing – sozialinnovativ und kulturell selektiv? Möglichkeiten und Grenzen einer nachhaltigen Mobilität. Zentrum für Umweltforschung der Westfälischen Wilhelms-Universität Münster, ZUFO-Berichte, Band 3, Münster 2004

STEIERWALD, G., KÜNNE, H. D.: Stadtverkehrsplanung. Grundlagen, Methoden, Ziele. Berlin/Heidelberg 2005

STEININGER, K., VOGL, C., ZETTL, R.: Car-sharing organizations: The size of the market segment and revealed change in mobility behavior. In: Transport Policy, 1996, Vol. 3, No. 4, S. 177-185

STRONEGGER, W.-J., FREIDL, W.: Infrastrukturgerechtigkeit am Beispiel Wohnumwelt und Gesundheit in einer urbanen Population. In: BOLTE, G., MIELCK, A.: Umweltgerechtigkeit. Die soziale Verteilung von Umweltbelastungen, Weinheim/München 2004, S. 93-116

STUDT, J. F.: Nachhaltigkeit in der Post Merger Integration. Wiesbaden 2008

TOPP, H., ROTHENGATTER, W.: Verkehrsmanagement-Strategien. Grundlagen und Empfehlungen für Hessen. Wiesbaden 1992

UBA (UMWELTBUNDESAMT) (Hrsg.) [a]: Daten zum Verkehr. Ausgabe 2009. Dessau-Roßlau 2009

UBA (UMWELTBUNDESAMT) (Hrsg.) [b]:Klimaschutz konkret – Mut zum Handeln. Dessau-Roßlau 2009

UBA (UMWELTBUNDESAMT) (Hrsg.) [c]: Sprit sparen und mobil sein. Dessau-Roßlau 2009

UBA (UMWELTBUNDESAMT) (Hrsg.): Hintergrundpapier zu Umwelt und Verkehr – Mobilität nachhaltig gestalten. Berlin 2004

UBA (UMWELTBUNDESAMT) (Hrsg.): Reduzierung der Flächeninanspruchnahme durch Siedlung und Verkehr. Materialienband, Berlin 2003

UBA (UMWELTBUNDESAMT) (Hrsg.): Daten zur Umwelt 2000. Berlin 2001

UBA (UMWELTBUNDESAMT) (Hrsg.): Jahresbericht 1997. Berlin 1998

UN (UNITED NATIONS) (Hrsg.): Agenda 21, Konferenz der Vereinten Nationen für Umwelt und Entwicklung. Rio de Janeiro 1992

VCD e.V. (VERKEHRSCLUB DEUTSCHLAND E.V.) (Hrsg.): VCD Bahntest 2009. Die Mobilitätsbedürfnisse von Bahngästen und potenziellen Fahrgästen der Bahn. Berlin 2009

VCD e.V. (VERKEHRSCLUB DEUTSCHLAND E.V.) (Hrsg.): Bus, Bahn und Pkw im Umweltvergleich. Der ÖPNV im Wettbewerb. Bonn 2001

VCD e.V. (VERKEHRSCLUB DEUTSCHLAND E.V.) (Hrsg.): Mitgliederzeitschrift fairkehr, verschiedene Ausgaben, Bonn, verschiedene Jahrgänge

VESTER, F.: Crashtest Mobilität. München 1995

VOIGT, U.: Verkehrspolitische Handlungsoptionen aus ökologischer Sicht. In: FRANK, H. J., WALTER, N. (Hrsg.): Strategien gegen den Verkehrsinfarkt. Stuttgart 1993, S. 301-331

VORNHOLZ, G. : Zur Konzeption einer ökologisch tragfähigen Entwicklung. Eine ökonomische, theoretische Analyse der Bedingungen für die Erhaltung der natürlichen Lebensgrundlagen. Marburg 1993

WIEDERSEINER, C. A.: Betriebswirtschaftliche und ökologisch-soziale Aspekte des Projekts des organisierten Autoteilens (Car Sharing). Erlangen 1993

WEBER, M: : Alltagsbilder des Klimawandels. Zum Klimabewusstsein in Deutschland. Wiesbaden 2008

WEINREICH, S.: Nachhaltige Entwicklung im Personenverkehr. Eine quantitative Analyse unter Einbezug externer Kosten. Heidelberg 2004

WILKE, G. [a]: Anbieterbefragung (AP A 100), Zwischenbericht. Wuppertal 2004

WILKE, G. [b]: Konkurrenz belebt das Geschäft – Car-Sharing in Deutschland. In: Politische Ökologie Nr. 91-92, 2004, S. 109-111

WILKE, G.: Öko-Effizienz und Öko-Suffizienz von professionalisiertem Car-Sharing – eine Problemskizze. In: WUPPERTAL INSTITUT FÜR KLIMA, UMWELT, ENERGIE GMBH (Hrsg.): Von nichts zu viel. Suffizienz gehört zur Zukunftsfähigkeit. Wuppertal 2002, S. 71-82

WILLIMANN, I., EGLI-BROZ, H.: Ökologie: Einführung in die Wechselwirkungen zwischen Mensch und Natur. Lerntext, Aufgaben mit Lösungen und Kurztheorie. Zürich 2003

WORLD COMMISSION ON ENVIRONMENT AND DEVELOPMENT (Hrsg.): Our Common Future. Report of the World Commission on Environment and Development. Oxford 1987

WUPPERTAL INSTITUT FÜR KLIMA, UMWELT, ENERGIE GMBH (Hrsg.):
Zukunft des Car-Sharing in Deutschland. Schlussbericht, Wuppertal 2007

WZB (WISSENSCHAFTSZENTRUM BERLIN FÜR SOZIALFORSCHUNG)
PROJEKTGRUPPE FÜR MOBILITÄT (Hrsg.): Kurswechsel im öffentlichen Verkehr –
Mit automobilen Angeboten in den Wettbewerb. Berlin 2001

ZÄNGLER, T. W.: Mikroanalyse des Mobilitätsverhaltens in Alltag und Freizeit.
Berlin/Heidelberg 2000

Internetquellen

BAUER, S.: Leitbild der Nachhaltigen Entwicklung, Informationen zur politischen
Bildung, 2008, Quelle: http://www.bpb.de/die_bpb/UA5H5Q.html, Zugriff am
20.12.2010

BCS (BUNDESVERBAND CARSHARING E.V.): Über die praktische Nutzung von
CarSharing, 2010, Quelle:
http://www.carsharing.de/index.php?option=com_content&task=view&id=98&Itemid=
148, Zugriff am 17.11.2010)

BECKER, U. J.: Nachhaltige Verkehrsentwicklung: Was soll das schon wieder sein?
Dresden ohne Datum, Quelle:
ftp://www.htlwien10.at/UZSB/Zusatzmaterial/Nachhalt_Verkehr.pdf, Zugriff am
01.10.2010

BMU (BUNDESMINISTERIUM FÜR UMWELT, NATURSCHUTZ UND
REAKTORSICHERHEIT) (Hrsg.): Erfolgskontrolle und Weiterentwicklung der
Nationalen Nachhaltigkeitsstrategie, 01/2010, Quelle:
http://www.bmu.de/nachhaltige_entwicklung/erfolgskontrolle_und_weiterentwicklung/
doc/2392.php, Zugriff am 24.11.2010

BMU (BUNDESMINISTERIUM FÜR UMWELT, NATURSCHUTZ UND
REAKTORSICHERHEIT) (Hrsg.): Straßenverkehrslärm, 04/2008, Quelle:
http://www.bmu.de/laermschutz/themenbereiche/verkehrslaerm/doc/41271.php, Zugriff
am 11.10.2010

BMU (BUNDESMINISTERIUM FÜR UMWELT, NATURSCHUTZ UND REAKTORSICHERHEIT) (Hrsg.): Verkehr und Umwelt – Herausforderungen, 09/2007, Quelle: http://www.bmu.de/verkehr/herausforderung_verkehr_umwelt/doc/40764.php, Zugriff am 30.11.2010

BMVBS (BUNDESMINISTERIUM FÜR VERKEHR, BAU UND STADTENTWICKLUNG) (Hrsg.): Einbeziehung des Luftverkehrs in das europäische Emissionshandelssystem, 2010, Quelle: http://www.bmvbs.de/SharedDocs/DE/Artikel/LR/einbeziehung-des-luftverkehrs-in-das-europaeische-emissionshandelssystem.html?nn=35892, Zugriff am 28.10.2010

BMVBS (BUNDESMINISTERIUM FÜR VERKEHR, BAU UND STADTENTWICKLUNG) (Hrsg.): Verkehrslärmschutz, 2010, Quelle: http://www.bmvbs.de/SharedDocs/DE/Artikel/UI/verkehrslaermschutz.html?nn=36090, Zugriff am 28.10.2010

BUNDESREGIERUNG (Hrsg.): Aktuelle Weiterentwicklungen, 2010, Quelle: http://www.bundesregierung.de/Content/DE/StatischeSeiten/Breg/ThemenAZ/Nachhalti gkeit/nachhaltigkeit-2007-04-13-aktuelle-weiterentwicklung.html, Zugriff am 27.09.2010

BUNDESREGIERUNG (Hrsg.): Erfolgskontrolle: Die 21 Indikatoren, 2010, Quelle: http://www.bundesregierung.de/nn_774/Content/DE/StatischeSeiten/Breg/ThemenAZ/ Nachhaltigkeit/nachhaltigkeit-2007-04-13-erfolgskontrolle_3A-die-21-indikatoren.html , Zugriff am 27.09.2010

CAMBIO CARSHARING (Hrsg.): Tarife für Privatkunden, 2010, Quelle: http://www.cambio-carsharing.de/cms/carsharing/de/1/cms?cms_knschluessel=TARIFE, Zugriff am 09.12.2010

CAMBIO CARSHARING (Hrsg.): Pressemitteilung, 27.04.2010, Quelle: http://www.cambio-carsharing.de/cms/carsharing/de/1/cms_f4_4/cms?cms_knuuid=1de801cc-c809-4c69-9f14-12b2bb4e63c0&cms_f3=4, Zugriff am 17.12.2010

DEUTSCHE BAHN AG, 2010, Quelle: http://www.dbcarsharing-buchung.de/, Zugriff am 20.11.2010

138

ECKEY, H.-F, MURARO, N.: Verkehrsökonomie. Eine empirisch orientierte Einführung in die Verkehrswissenschaften, verkürzte und aktualisierte Fassung, 2007, Quelle: http://www.ivwl.uni-kassel.de/eckey/lehre/verkehr/inhalt.pdf, Zugriff am 04.11.2010

EGAN-KRIEGER, T., OTT, K., VOGET, L.: Der Schutz des Naturerbes als Postulat der Zukunftsverantwortung. In: Politik und Zeitgeschichte (APuZ) 24/2007, Quelle: http://www.bpb.de/publikationen/R2RRIV.html, Zugriff am 20.12.2010

GREEN WHEELS (Hrsg.): Preisliste Privatkunden, 2010, Quelle: http://www.greenwheels.de/de/Home/Privatkunden/Was-kostet-es/Preisliste.html, 2010, Zugriff am 09.12.2010

HAEFELI, U.: Autos teilen – Car-Sharing als Beispiel für einen nachhaltigen Konsum, 2010, Quelle: http://www.ikaoe.unibe.ch/veranstaltungen/hs10/vortragsreihe/handout_abstracts.pdf, Zugriff am 17.12.2010

JERUSALEM, D.: CarSharing – Autos nutzen statt besitzen. Eine kurze Einführung und Übersicht zum Thema CarSharing, 2007, Quelle: http://www.stadtmobil-ev.de/VortragCarSharing04032007.pdf, Zugriff am 17.12.2010

REIFFERT, S.: UN-Klimakonferenz. Globales Abkommen frühestens 2011, 06.08.2010, Quelle: http://www.focus.de/wissen/wissenschaft/klima/news/un-klimakonferenz-globales-abkommen-fruehestens-2011_aid_538684.html, Zugriff am 28.10.2010

GROLL, T.: Carsharing: So funktioniert das Autoteilen, 07.06.2010, Quelle: http://www.zeit.de/auto/2010-06/faq-carsharing, Zugriff am 17.11.2010

GROLL, T.: Mein Auto, dein Auto, 07.06.2010, Quelle: http://www.zeit.de/auto/2010-06/carsharing-ueberblick, Zugriff am 17.11.2010

LEXIKON DER NACHHALTIGKEIT: CSD: Indikatoren für nachhaltige Entwicklung, 1996-2007, 2010, Quelle: http://www.nachhaltigkeit.info/artikel/csd_indikatoren_fuer_nachhaltige_entwicklung_1996_1357.htm, Zugriff am 22.09.2010

LUDWIG, T.: Verschmutzungsrechte. EU will Emissionshandel im Luftverkehr, 11.10.2010, Quelle: http://www.handelsblatt.com/politik/international/verschmutzungsrechte-eu-will-emissionshandel-im-luftverkehr;2670720, Zugriff am 29.10.2010

LUFTHANSA: Gepäckratgeber, 2010, Quelle:
http://www.lufthansa.com/de/de/Gepaeck-Ratgeber, Zugriff am 04.11.2010

STADTMOBIL CARSHARING, 2010, Quelle: http://www.stadtmobil.de/, Zugriff am
09.12.2010

UBA (UMWELTBUNDESAMT) (Hrsg.): Daten zur Umwelt: Emissionen des Verkehrs,
2010, Quelle: http://www.umweltbundesamt-daten-zur-um-
welt.de/umweltdaten/public/theme.do;jsessionid=08CF00285896793D549711AF5C776
645?nodeIdent=3577, Zugriff am 25.10.2010

UBA (UMWELTBUNDESAMT) (Hrsg.): Daten zur Umwelt: Kraftstoffverbrauch,
2010, Quelle: http://www.umweltbundesamt-daten-zur-
umwelt.de/umweltdaten/public/theme.do?nodeIdent=2330, Zugriff am 25.10.2010

UBA (UMWELTBUNDESAMT) (Hrsg.): Daten zur Umwelt: Emissionsmindernde
Anforderungen im Verkehr, 2010, Quelle: http://www.umweltbundesamt-daten-zur-
umwelt.de/umweltdaten/public/theme.do?nodeIdent=2363, Zugriff am 28.10.2010

UBA (UMWELTBUNDESAMT) (Hrsg.): Daten zur Umwelt: Treibhauseffekt – Eine
globale Herausforderung, 2010, Quelle: http://www.umweltbundesamt-daten-zur-
umwelt.de/umweltdaten/public/theme.do?nodeIdent=2726, Zugriff am 30.11.2010

UBA (UMWELTBUNDESAMT) (Hrsg.): Instrumente und Maßnahmen zur Reduktion
der Beeinträchtigungen durch Lärm, 2010, Quelle: http://www.umweltbundesamt-daten-
zur-umwelt.de/umweltdaten/public/theme.do?nodeIdent=3173, Zugriff am 28.10.2010

UBA (UMWELTBUNDESAMT) (Hrsg.): Nationale Trendtabellen für die deutsche
Berichterstattung atmosphärischer Emissionen 1990-2007, Endstand 20.02.2009,
abrufbar unter www.umweltbundesamt.de/emissionen/publikationen.htm, Zugriff am
25.10.2010

UBA (UMWELTBUNDESAMT) (Hrsg.): Raumbezogene Umweltplanung. Sparsamer
Umgang mit Grund und Boden, 2010, Quelle:
http://www.umweltbundesamt.de/rup/flaechen/grund.htm, Zugriff am 28.10.2010

UPI (UMWELT- UND PROGNOSE-INSTITUT E.V.) (Hrsg.): Folgen einer globalen
Massenmotorisierung, UPI-Bericht 35, Pressemitteilung, ohne Datum, Quelle:
http://www.upi-institut.de/upi35.htm, Zugriff am 15.11.2010

140

Mark H. Weilinger

Innovationen für eine nachhaltige Mobilität
Welchen Beitrag kann eine
beidhändige Organisation leisten?

Diplomica 2008 / 124 Seiten /
39,50 Euro

ISBN 978-3-8366-6306-9
EAN 9783836663069

Der automobile Verkehr, als ein wesentlicher Teil eines Mobilitätssystems, steht in einem gravierenden Spannungsverhältnis zur nachhaltigen Entwicklung. Automobilhersteller, als prägende Akteure im Bereich der Mobilität, sehen sich diesem Spannungsverhältnis ausgesetzt und beginnen nur zögerlich, den dadurch gebotenen Innovationsraum zu nutzen.

Daher gilt zunächst die Frage zu klären was Mobilität ist und was eben diese alles andere als nachhaltig macht. Danach sollte konsequenterweise eine Auseinandersetzung mit den Zielwerten nachhaltiger Mobilität folgen. Bei der Betrachtung der Automobilhersteller sollen vor allem auf strategischer Ebene die Hemmnisse für eine Abkehr vom bestehenden System zu einer nachhaltigen Mobilität hinterfragt werden.

Im Vordergrund der Untersuchung steht das Konzept der ambidextrous organization – der beidhändigen Organisation. Eine simultane Bewältigung von inkrementellen und radikalen Innovationen erscheint gerade in Anbetracht nachhaltiger Entwicklung – weil es eben eine Entwicklung an sich ist, aber auch eine Entwicklung darauf hin bedeutet – als relevant. Dafür muss die Beziehung von nachhaltiger Mobiltät als unternehmerische Vision zum Konzept der ambidextrous organization betrachtet werden.

Tobias Bühler

Biokraftstoffe der ersten
und zweiten Generation

Eine umwelt- und innovationsökonomische
Potentialanalyse

Reihe Nachhaltigkeit
Band 28

Tobias Bühler

**Biokraftstoffe der ersten und
zweiten Generation**
Eine umwelt- und
innovationsökonomische
Potentialanalyse

Diplomica 2010 / 120 Seiten /
39,50 Euro

ISBN 978-3-8366-8205-3
EAN 9783836682053

Im Energiesektor ist seit längerer Zeit eine Umorientierung zu erkennen:
Der Einsatz von erneuerbaren Energien und alternativen Kraftstoffen als Ersatz
für fossile Energieträger soll eine sichere Versorgung gewährleisten und zum
Klimaschutz beitragen. Eine komplette Neuausrichtung kann jedoch nicht
kurzfristig realisiert werden.

Der Anteil an regenerativen Energien sowie neuartigen Antriebstechniken
nimmt zwar stetig zu, dennoch darf diese Entwicklung nicht darüber
hinwegtäuschen, dass der Großteil an finanziellen Mitteln in die konventionelle
Energietechnik (Kohle- und Kernkraftwerke) fließt und Mineralöl in nächster
Zeit nach wie vor den wichtigsten Energieträger für den Kfz-Bereich darstellt.

Tobias Bühler analysiert in seiner Studie den Einsatz von Biokraftstoffen der
ersten und zweiten Generation als Ersatz für Diesel- und Ottokraftstoffe sowohl
aus umwelt- wie auch aus innovationsökonomischer Sicht. Anhand zahlreicher
Graphiken und Tabellen werden die möglichen Vor- und Nachteile bestehender
und zukunftsfähiger Optionen von ihm veranschaulicht.

Florian Kleiner

Elektroautos:
Beginn eines neuen Zeitalters in
der Automobilindustrie?

Die Notwendigkeit des Wandels

Diplomica 2011 / 112 Seiten /
39,50 Euro

ISBN 978-3-8428-5424-6
EAN 9783842854246

Florian Kleiner

**Elektroautos:
Beginn eines neuen Zeitalters
in der Automobilindustrie?**

Die Notwendigkeit des Wandels

Reihe Nachhaltigkeit
Band 37

Steigende Öl- und Kraftstoffpreise sowie die im Zeitverlauf immer strikter werdenden Gesetzgebungen im Hinblick auf CO_2-Emissiosgrenzwerte sind zentrale Auslöser dafür, dass die Automobilindustrie zunehmend die Entwicklung von alternativen Antrieben vorantreibt. Infolge der Rohstoffverknappung und der breiten öffentlichen Diskussion bezüglich der Bekämpfung des voranschreitenden Klimawandels ist davon auszugehen, dass die alternativen Antriebe keine temporäre Erscheinung darstellen. Vielmehr werden sie vermehrt Einzug erhalten und somit das Antriebsportfolio der Automobilhersteller entscheidend verändern. Doch welche Auswirkungen sind aufgrund dieser Veränderungen zu erwarten? Wie verhalten sich die entsprechenden Akteure und bis wann werden reine Elektrofahrzeuge auf unseren Straßen als serientaugliche Fahrzeuge zu sehen sein?

Dieses Buch befasst sich kritisch mit jeglichen Fragestellungen in Bezug auf die Elektrifizierung des Automobils und gibt einen Überblick über die Komplexität dieser Veränderungen.

T. Hassanzada

Marktübersicht Elektroautos

Technologische Herausforderung im
Elektroautomarkt-Segment

Diplomica 2011 / 124 Seiten /
49,50 Euro

ISBN 978-3-8366-9653-1
EAN 978-3-8366-4653-6

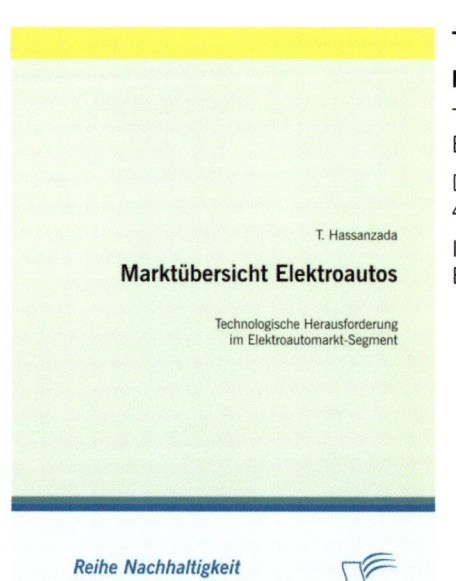

T. Hassanzada

Marktübersicht Elektroautos

Technologische Herausforderung
im Elektroautomarkt-Segment

Reihe Nachhaltigkeit
Band 39

Diplomica Verlag

Im Rahmen dieser Ausarbeitung gibt der Autor eine Marktübersicht für
Elektrofahrzeuge der Vergangenheit, Gegenwart und Zukunft. Hierfür muss
zunächst definiert werden, was ein Elektrofahrzeug ist. Dazu ist eine
technologische Abgrenzung zu alternativen Fahrzeugantrieben erforderlich.
Ferner werden Vor- und Nachteile gegenüber konventionell betriebenen Autos
beschrieben und analysiert.

Elektroautos waren vor etwa 100 Jahren weit mehr verbreitet als
Verbrennungsmotoren. Es wird auf die Frage eingegangen, welche Faktoren für
das Scheitern von Elektroautos verantwortlich waren und wie sich der Markt
der Elektroautos bis heute entwickelt hat.

Im weiteren Verlauf der Studie wird dann ein Überblick über die aktuelle
Marktsituation gegeben. Hierfür wird eine ausführliche Umfeldanalyse
durchgeführt.

Schließlich geht der Autor noch auf die Voraussetzungen ein, die notwendig
sind, um eine erfolgreiche Verbreitung der Elektroautos zu gewährleisten.

Bastian Schuler

Elektromobilität und Elektrofahrzeuge

Ökonomische Bewertung des Marktpotenzials im Jahr 2020

Diplomica 2011 / 108 Seiten / 39,50 Euro

ISBN 978-3-8428-5769-8
EAN 9783842857698

Reihe Nachhaltigkeit
Band 41

Derzeit vergeht kaum ein Tag, an dem die Medien nicht über das Thema Elektromobilität berichten. Sowohl renommierte Hersteller als auch Vertreter der Politik vermitteln teilweise den Eindruck, dass die weitere Entwicklung bereits feststeht und die zukünftige Mobilität rein elektrisch sein wird. Bemerkenswert ist jedoch, dass zum aktuellen Zeitpunkt wenig über die ökonomischen und ökologischen Auswirkungen einer Einführung der Elektromobilität in Erfahrung gebracht wurde.

Hierzu möchte die vorliegende Studie einen Beitrag leisten und Elektrofahrzeuge im Jahr 2020 ökonomisch bewerten. Dabei sollen reine Batteriefahrzeuge sowohl aus gesamtwirtschaftlicher als auch aus einzelwirtschaftlicher Sicht analysiert werden. Um der Wirtschaftlichkeitsanalyse einen möglichst breiten Rahmen zu geben, wird die ökonomische Bewertung für insgesamt 16 Szenarien durchgeführt.

Diana Reibel

Erneuerbare Energien

Erzeugung, Vertrieb und
Finanzierung

Diplomica 2011 / 120 Seiten /
49,50 Euro

ISBN 978-3-8428-6246-3
EAN 9783842862463

Diana Reibel

Erneuerbare Energien

Erzeugung, Vertrieb und Finanzierung

Reihe Nachhaltigkeit
Band 43

Die Branche der regenerativen Energien hat sich in den letzten Jahren zu einem Hoffnungsträger der deutschen Wirtschaft entwickelt. Ihre anhaltend positive Entwicklung hin zu einem bedeutenden Wirtschaftsfaktor zeigte sich vor allem im Zuge der Wirtschaftskrise. Die Bundesrepublik Deutschland plant in Zukunft eine weitestgehende Umstellung der Energieversorgung auf Basis regenerativer Energien. Die Atomkatastrophe in Japan und die Angst der Bürger vor radioaktiver Strahlung verstärken diesen Wandel. Durch zahlreiche Förderprogramme wollen Bund und Länder Initiativen in den Klimaschutz vorantreiben und fördern gezielt Investitionen in erneuerbare Energien.

Die Finanzierung von Energieerzeugung aus Windkraft, Solarenergie und Biomasse eröffnet den Kreditinstituten ein neues, wachsendes Geschäftsfeld. Trotz dieses hohen Potenzials bestehen durch mangelnde Kenntnisse der energiewirtschaftlichen Rahmenbedingungen und der Finanzierungsmöglichkeiten erhebliche Hindernisse auf diesem Gebiet.

Dieses Buch zeigt die verschiedenen Arten von erneuerbaren Energien sowie die gängigsten Finanzierungsformen zur Realisierung dieser Projekte.

Simon Reimer

**Energiepolitik:
Rahmenbedingungen für die
Entwicklung von fossilen
Brennstoffen zu erneuerbaren
Energien**

Ökonomische Realität im Konflikt zu
energiepolitischen Ambitionen?

Diplomica 2011 / 92 Seiten /
39,50 Euro

ISBN 978-3-8428-6557-0
EAN 9783842865570

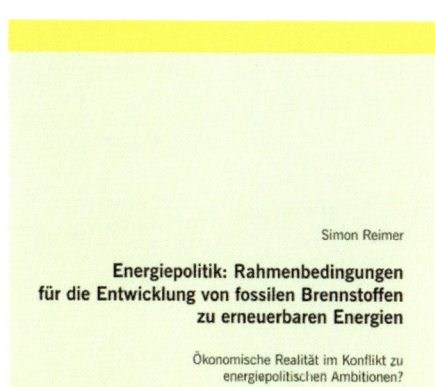

Simon Reimer

Energiepolitik: Rahmenbedingungen
für die Entwicklung von fossilen Brennstoffen
zu erneuerbaren Energien

Ökonomische Realität im Konflikt zu
energiepolitischen Ambitionen?

Reihe Nachhaltigkeit
Band 44

Nicht nur seitens der Wissenschaft, sondern auch der Politik werden die
derzeit bestehenden Strukturen, gründend auf einer zentralistischen
Energieversorgung mit fossilen Brennstoffen, angezweifelt. Deshalb erscheint
es offensichtlich, dass in naher Zukunft fundamentale Veränderungen
vorgenommen werden im Hinblick auf eine umweltbewusstere Handlungsweise.

Die künftige Entwicklung der einzelnen erneuerbaren Energieträger hängt
davon ab, ob ordnungspolitische und andere Maßnahmen es möglich machen,
eine wettbewerbskonforme Marktdurchdringung zu erreichen. Aus Gründen des
Klimaschutzes ist eine wirtschaftliche Förderung von erneuerbaren Energien zu
empfehlen. Fraglich ist jedoch, inwieweit alle erneuerbaren Ressourcen eine
ökonomisch tragfähige Energieversorgung künftig sicherstellen können.

Im Mittelpunkt der Fachstudie stehen folgende Forschungsfragen: Wie wird die
bevorstehende Entwicklung ausgewählter fossiler Brennstoffe und erneuerbarer
Energieträger aussehen? Mithilfe welcher energiepolitischen
Rahmenbedingungen, Instrumente und Maßnahmen ist diese Entwicklung zu
steuern, um die vorgegebenen Ziele zu erreichen?

Martin Werner

Nachhaltige Investments und finanzielle Performance

Ein Widerspruch oder eine reale Anlagealternative?

Diplomica 2012 / 144 Seiten / 49,50 Euro

ISBN 978-3-8428-7776-4
EAN 9783842877764

Martin Werner

Nachhaltige Investments und finanzielle Performance

Ein Widerspruch oder eine reale Anlagealternative?

Reihe Nachhaltigkeit
Band 48

Diplomica Verlag

In dem vorliegenden Buch wird der Frage nachgegangen, ob nachhaltig strukturierte Portfolios in Deutschland einen über- oder unterdurchschnittlichen Wertzuwachs gegenüber Portfolios ohne vergleichbare Screenings aufweisen. Es wird überprüft, ob nachhaltige Investments nicht nur aus ethisch-moralischen Gründen, sondern auch aus finanziellen Gesichtspunkten mittlerweile eine reale Anlagealternative darstellen. Dabei wird untersucht, inwieweit sich die Beachtung nachhaltiger Komponenten von Unternehmen auf ihren Aktienkurs auswirkt. Des Weiteren wird untersucht, inwieweit sich die Effizienz nachhaltiger Geldanlagen durch kapitalmarkttheoretische Modelle nachweisen lässt, da sie a priori ineffiziente Geldanlagen darstellen müssten.

In Deutschland liegt der Anteil nachhaltiger Geldanlagen bis jetzt bei knapp einem Prozent, bei jedoch stetig steigenden Anlagevolumina und Anlagemöglichkeiten. Somit stellt sich die Frage, ob nachhaltige Investments, wenn überhaupt, auch in Deutschland das Potential lukrativer Kapitalallokationen bergen oder ob sich Performance und Nachhaltigkeit (hier) widersprechen.

48414812R00095

Printed in Poland
by Amazon Fulfillment
Poland Sp. z o.o., Wrocław